DEKO-IDEEN
für den Garten

GABI BALSFULLAND

DEKO-IDEEN *für den Garten*

Inspirierende Arrangements für jede Jahreszeit

KOSMOS

INHALT

6 *Deko im Garten*
Lebensart & Stil

12 *Los geht's!*
Die ersten Gäste

24 *Topfvarianten*
Basteln und dekorieren

34 *Gediegenes Metall*
Kein altes Eisen

42 *Holzwelten*
Natürliche Begleiter

52 *Originelle Steine*
Den hab nur ich

60 *Faszination Beton*
Keineswegs kalt

68 *Trödel im Garten*
Eine zweite Chance

78 *Gartenpartys*
Jetzt wird's festlich

88 *Auszeiten tun gut*
Sehen, hören und fühlen

98 *Impressionen*
Die Blätter fallen

108 *Licht & Schatten*
Von Sonne, Mond & Kerzen

118 *Coole Highlights*
Es ist kalt draußen

128 *Jahresgipfel*
Es weihnachtet sehr

138 Nützliche Adressen
Glossar

LEBENSART & STIL

DEKO IM GARTEN

Einen Garten dekorieren zu dürfen, macht so viel Freude. Die Ergebnisse dieser Bemühungen sind mehr als lohnenswert und im oft hektischen Alltag ist gerade diese in den Garten investierte Zeit ein kostbares Geschenk. Lassen Sie sich also inspirieren!

SCHÖN SOLL ES SEIN In unterschiedlichen Größen, und mit Blüten Ton in Ton bestückt, beeindrucken diese einfach gestalteten Blütenkugeln mit echter Schönheit. Zwischen dem satten Grün des sommerlichen Laubs und dem des Rasens leuchten die einzelnen Blüten noch mal so schön.

UNSER GARTEN

Erweiterung des Wohnraumes

Den Wohnraum durch einen Garten erweitern zu können ist etwas Besonderes. In diesem Bereich etwas ganz Eigenes zu schaffen ist ein gutes Gefühl. Darum ist der Luxus einen Garten zu gestalten und pflegen zu können, unbezahlbarer Reichtum.

GARTENTRÄUME

Das eigene Haus und besonders der eigene Garten sind ein wichtiger Ort. Hier tankt der Mensch Kraft und genießt das Zusammensein mit der Familie. Es gibt also genügend Gründe, den Garten liebevoll zu gestalten und zur ganz persönlichen Wohlfühloase zu machen. Seien Sie neugierig und experimentierfreudig, durchbrechen Sie alte Gewohnheiten und erlauben Sie sich auch ungewöhnliche Veränderungen umzusetzen.

Mit diesem Buch möchte ich Sie auffordern, Ihren Ideen Raum zu geben und Ihre eigenen Wünsche im Garten zu verwirklichen. Lassen Sie sich inspirieren, wagen Sie sich auch an neue Dinge heran. Ein vom Fachmann geplanter und angelegter Garten ist eine gute Grundlage für Ihre Pläne. Aber nur Sie können Ihrem Garten die persönliche Note geben.

Viele Dinge sind einfacher zu realisieren, als es scheint. In den einzelnen Kapiteln finden Sie grundlegende Tipps zu Materialien und Arbeitsweisen, die Ihnen helfen, Ihre Ideen umzusetzen. Ermöglichen Sie Veränderungen, wachsen Sie mit den Aufgaben und erfreuen Sie sich an den Ergebnissen.

STÜCK FÜR STÜCK

Die Gestaltung und Ausstattung des Gartens ist ein fortlaufender Prozess. Beginnen Sie an einer Stelle, die Ihnen besonders am Herzen liegt. Leisten Sie zum Beispiel Halt und Unterstützung durch außergewöhnliche Rank- und Kletterhilfen für Ihre Stauden und Kletterpflanzen, gestalten Sie Töpfe mit ungewöhnlichen Materialien um und bepflanzen sie bunt oder richten Sie eine Ecke für Vögel und Insekten her.

WERDEN SIE AKTIV

Experimentieren Sie mit unterschiedlichen Materialien, trennen Sie sich von alltäglichen Lösungen. Scheuen Sie sich nicht, Dinge wieder rückgängig zu machen. Trennen Sie sich von Dekorationen, die Ihnen nicht mehr gefallen. Gestaltungselemente müssen nicht immer am gleichen Platz stehen. Orientieren Sie sich an den Jahreszeiten oder auch der Blütezeit Ihrer Lieblingspflanzen. Ihr Garten soll Ihre Handschrift tragen und Ihre persönlichen Vorlieben widerspiegeln.

[a]

[a] LEICHT SOLL ES SEIN Dieses leicht nachzumachende Mobile aus Haselästen verzaubert durch langsame Bewegungen und natürlichen Klang. Die zu Anfang noch feuchten Äste klingen dunkel, später klingen sie heller, da sie beim Trocknen Feuchtigkeit verlieren.

[b] SPASS SOLL ES MACHEN Voller Ideen und Tatendrang geht's auf in den Garten. Das schlicht gestaltete Schild informiert alle anderen, wo Sie zu finden sind.

[b]

SIE SIND DER MASSSTAB

Das große Angebot von Steinen und Hölzern für Wege und Terrassen, die riesige Auswahl an unterschiedlichen Pflanzen und unzählige Deko- und Gestaltungselemente aus verschiedensten Materialien führen uns vor Augen, wie schnell sich ein Übermaß bei der Auswahl eher verhindernd auswirkt als inspirierend. Die Kunst besteht darin, Vielfältigkeit zu schaffen ohne den Garten mit einem Wirrwarr von Materialien und Details zu überfrachten. Neben einer eindrucksvollen und außergewöhnlichen Gestaltung sollten die Zweckmäßigkeit und eine gewisse Übersichtlichkeit nicht verloren gehen.

WERKZEUGE

Es ist nicht nötig, dass Sie sich alle Werkzeuge für Ihre Projekte anschaffen. Bitten Sie Freunde um Arbeitsgeräte, die nicht in Ihrem Bestand sind. Außerdem ist vielen Baumärkten ein Werkzeugverleih angeschlossen, in dem Sie verschiedene Elektrogeräte und Werkzeuge ausleihen können. Sie erhalten dort auch eine Einweisung zur Handhabung und zu den Sicherheitsmaßnahmen, die Sie unbedingt beachten sollten. Bevor Sie Löcher bohren oder mit einer Stichsäge arbeiten, üben Sie an Resthölzern, mit dem Werkzeug umzugehen. Auch der Umgang mit einer Säge, einer Feile, einer Blechschere und mit verschiedenen Zangen sollte ausprobiert werden. Beginnen Sie erst dann mit Ihrem Projekt, wenn Sie mit den Probearbeiten zufrieden sind. Legen Sie alle nötigen Materialien und Werkzeuge bereit und sorgen Sie für ausreichend Platz zum Arbeiten.

MATERIALIEN

Ein Fundus mit verschiedenen Werkstoffen erleichtert die Auswahl und die Möglichkeit, mit Resten zu experimentieren. Je besser Sie sich vorbereiten, umso leichter ist die Umsetzung. Holzreste, Bretter und Leisten erhalten Sie beim Holzhändler, im Sägewerk oder im Baumarkt. Dort können Sie das Holz auf das gewünschte Maß sägen lassen und auch Reste erwerben. Metalle erhalten Sie beim Schmied oder bei Verwertern von Altmetallen. Viele Handwerksbetriebe geben ihre Reste zu einem günstigen Preis oder sogar umsonst ab, aber auch größere Mengen sind nach Absprache oft gegen ein geringes Entgelt erhältlich.

GUT VORBEREITET **Fertigen Sie eine möglichst genaue Zeichnung und eine Teileliste an, bevor Sie sich auf die Suche nach geeigneten Materialien und den richtigen Werkzeugen machen. Mit diesen Unterlagen ist es einfacher, Ihr Vorhaben zu beschreiben, falls Sie Hilfe benötigen. Außerdem haben Sie einen besseren Überblick bei der Beschaffung von Material und Zubehör.**

DIE ERSTEN GÄSTE

LOS GEHT'S

Das Warten hat ein Ende! Die Sonne lässt sich immer öfter blicken und manchmal ist sie schon richtig warm. Die ersten Knospen springen auf und es wird wieder grün. Alles ist im Aufbruch und in Veränderung. Schließen wir uns an und spielen mit den ersten Frühlingsboten.

[a] **IN BEGLEITUNG** Mutter und Kind unternehmen zusammen Streifzüge durch den Garten. Sie hat alles im Blick und erspäht schon von Weitem die schönsten Leckerbissen und die besten Plätze, um sich auszuruhen. Das Hasenkind lässt sich gern von ihr führen.

[b] **ZU ZWEIT** In der Osterzeit kann man sie vermehrt beobachten. Am liebsten hüpfen sie gemeinsam durch die Beete und über den Rasen oder sonnen sich kurz auf einem warmen Stein. Die beiden Hasen sind nach dem gleichen Prinzip gebaut wie die hockenden Hasen, und doch ganz anders.

[c] **FRÜHLINGSDUFT LIEGT IN DER LUFT** Dieser Vogel fliegt bestimmt nicht davon! Für alle sichtbar, verkündet er laut singend seine Freude. Am Gartentor positioniert, bleibt seine Botschaft für alle, die vorübergehen, nicht unbemerkt.

TIERISCHER BESUCH

Hasen und Vögel aus Holz

Mensch und Tier genießen gleichermaßen die ersten warmen Sonnenstrahlen und die grünen Blätter, die sich überall langsam hervorwagen. Diese Hasen aus Holz sind nicht so scheu und verweilen gern länger in unserem Garten.

HASENPARADE

Die formschön gestalteten Hasen sind aus einer mehrschichtigen Multiplexplatte gesägt **[→a und b]**. Durch ihre mehrschichtige Querverleimung sind sie sehr stabil. Multiplex hat, je nach Stärke, gleich starke Furnierlagen, die etwa einen Millimeter dick sind. Feine Sägearbeiten lassen sich mit einem Schicht- oder Sperrholz einfacher durchführen und kleinere Details, wie zum Beispiel die Ohren, brechen nicht so leicht ab.
Fertigen Sie Zeichnungen mit Hasen in verschiedenen Haltungen an und wählen Sie die schönsten aus. Vergrößern und verkleinern Sie die Hasen auf die gewünschte Größe und übertragen Sie auf das Holz. Die Kontur der beiden Hasen bleibt dabei exakt die gleiche, nur ihre Größe wird verändert.
Nachdem alles gesägt ist, werden die Kanten und Oberflächen glatt geschliffen und die beiden Hasen mit Holzleim miteinander verleimt. Um eine ebene Standfläche zu erhalten, stellen Sie die Hasen, bis der Leim angezogen ist, auf eine plane Fläche.

Für die farbliche Gestaltung ist stark mit Wasser verdünnte Acrylfarbe in Brauntönen ein Gestaltungsvorschlag. Eine zusätzliche Schicht Klarlack verlängert die Lebensdauer der Hasen und macht sie unempfindlich gegenüber Feuchtigkeit.

FEHLSTELLEN ERWÜNSCHT

In einem Zug gezeichnet und mit einer Stich- oder Bandsäge aus dem Holz geholt, wird Sie dieser Vogel durch den ganzen Frühling begleiten **[→c]**. Für dieses Objekt wurde bewusst eine Eichenbohle mit schadhaften Stellen ausgewählt. Der dunkel verfärbte Astansatz und die raue nicht gehobelte Oberfläche wirken sehr natürlich und lassen an einen echten Baumstumpf denken. Gerade diese schadhaften Stellen sind es, die Motive aus Holz lebendig wirken lassen und die die Werke zu etwas Außergewöhnlichem machen.
Allerdings muss bei Brettern und Bohlen mit längeren oder tieferen Rissen das Motiv sehr vorsichtig ausgesägt werden. Das Holz ist an diesen Stellen geschwächt und könnte bei der Bearbeitung brechen. Auch größere Fehlstellen müssen mit Bedacht behandelt werden. Das Holz in Astlöchern zum Beispiel ist manchmal nur noch leicht mit dem Holz verbunden und kann durch die Erschütterung beim Sägen herausfallen.

[a] DAUERHAFTE BLÜTEN Aus dickem Multiplex gesägt, verzaubern die Fantasieblumen durch ihre zarten Naturtöne und ihre detailreiche Gestaltung. Inmitten von Frühlingsblühern im Beet, aber auch auf der Terrasse gruppiert, sind sie ein Blickfang.

[b] SICHER GEHALTEN Blätter und Blüte sind aus dickem Eichenholz, sodass sie ineinandergelegt werden können. Das sägeraue Eichenholz und die auf das Wesentliche reduzierte Ausarbeitung der Blüte bilden eine schöne Einheit.

ERSTAUNLICHE BLUMEN

Alles blüht auf

Die ersten Blüten zeigen sich, feine Düfte liegen in der Luft und an Bäumen und Sträuchern kann man schon einen grünen Schimmer entdecken. Der Frühling steckt voller Lebensfreude und neuer Möglichkeiten und das wirkt ansteckend.

VORFREUDE
Die ersten grünen Blätter sind schon überall zu sehen, aber bis zur Blüte dauert es noch eine Weile. Wenn Ihnen die Zeit bis dahin zu lang ist, sind die vorgestellten Blumen genau das Richtige. Sie wirken zwischen zartem Grün genauso schön wie zwischen bunten Blüten.

INEINANDERGELEGT
Eiche oder ein anderes hartes Massivholz ist für diese nur ineinandergelegte Blume passend **[→b]**. Damit die Blüte von den Blättern leicht zu halten ist, muss das Holz mindestens vier Zentimeter stark sein. Außerdem muss der Winkel, in dem die Blattspitzen auseinanderstehen, der Blütenform angepasst sein. Dazu wird zuerst die Blüte aufgezeichnet, danach die Blätter, die die Blüte halten. Einfache Blüten- und Blattformen aus Eiche wirken rustikal, dagegen bildet eine filigrane, detailreich gestaltete Blüte einen reizenden Kontrast zur sägerauen Eiche.
Nicht wetterfeste Hölzer müssen zusätzlich geölt oder lackiert werden, damit sie lange schön bleiben. Eine auffällige Erscheinung hat die Blume auch, wenn sie aus einer drei oder vier Zentimeter dicken Multiplexplatte gefertigt wird. Durch die Stärke des Holzes ist jede Pflanze auch auf dem Rasen oder im Beet standfest.

FANTASTISCHE GEWÄCHSE
Blüte und Blätter der Narzissen-Begleiter werden aus gleich starken Schichtholzplatten gesägt **[→a]**. Die Platten sollten mindestens 18 Millimeter stark sein. Bei der Zusammenstellung der Fantasieblüten ist alles erlaubt. Schlichte und ohne Schnörkel gesägte Blüten sind auf ihre Weise genauso reizvoll wie bis ins Kleinste ausgearbeitete Blütenblätter.
Die Färbung der einzelnen Schichten ist bei Multiplex intensiver als bei Sperrholz oder einer Tischlerplatte und kommt durch Schleifen zum Vorschein. Durch gleichmäßiges Brechen der Kanten mit Schleifpapier lässt sich die nächste Schicht so hervorholen, dass sich die dunkle Farbe dieser Schicht wie eine Linie um die Blüte oder die Blätter zieht. Ein Rundholz verbindet Blüte und Blatt miteinander. Dazu wird ein Loch in der Stärke des Rundholzes in die Blüte und durch die Blätter gebohrt.
Etwas Leim hält die Blätter in der gewünschten Position. Bevor der Leim aushärtet, legen Sie die Blume auf eine gerade Fläche und drehen Sie die Einzelteile so, dass diese flach auf der Unterlage liegen. Sie verhindern dadurch, dass Blatt und Blüte gegeneinander verdreht sind. Für einen guten Stand sorgt eine rechteckige Platte mit einem Loch in der Stärke des Rundholzes, auf der die Blume befestigt wird.

[a] EINGEBETTET In einen Kranz aus biegsamen Birkenzweigen gewunden und mit weichem Moos ausgepolstert, sind die Gänse- und Hühnereier gut und sicher aufgehoben. Blausternchen rahmen das Nest liebevoll ein.

[a]

[b]

[c]

[b] SCHÖN IN SCHALE Das ganze Jahr über bescheiden in Weiß und Braun, zeigen die Eier sich in der Osterzeit gerne von ihrer vornehmen Seite. Die Zwergtulpen freuen sich, denn in dieser raffinierten Aufmachung werden sie ins Blickfeld gerückt.

[c] FARBENREICH & EDEL Es hat sich keine Gans gefunden, die so hübsche bunte Eier legt. Aber mit wasserlöslicher Beize in frischen Farbtönen können sie eingefärbt werden. Entweder in zarten Frühlingsfarben oder knallig bunt.

ALLERLEI VOM EI

Eier in Festtagslaune

In der Fastenzeit wurde früher auf den Verzehr von Eiern verzichtet. Damit beim Osterfest die ältesten Eier zuerst gegessen wurden, färbte man sie ein, um sie zu kennzeichnen. Die Tradition, Eier zu färben, ist erhalten geblieben und durch unzählige Gestaltungsvariationen erweitert worden.

HERAUSGEPUTZT

Eier in Nestern sind immer ein schöner Anblick. Aus Birkenzweigen, Weide, Waldrebe oder Blauregen kann man leicht Nester formen, da die Zweige sehr biegsam sind [→a]. Moos, Federn und kleine Saatzwiebeln können ein Gelege aus ungefärbten Hühner- oder Gänseeiern ergänzen.

Farbige Eier in sanften Naturtönen oder leuchtend bunt lassen sich mit wasserlöslicher Holzbeize zum Selbstanrühren anfertigen [→c]. Die Beize ist in vielen Farbtönen im Baumarkt oder beim Maler erhältlich. Die Farben können untereinander problemlos gemischt und mit Wasser so weit verdünnt werden, dass viele Farbabstufungen und zarte Töne entstehen. Damit die Eier auch einen Regenschauer ohne Schaden überstehen, werden sie nach dem Trocknen mit einem Tuch, das mit Öl getränkt ist, abgerieben. Ein normales Speiseöl reicht dafür völlig aus.

Kresse, Grassamen oder Katzengras in flachen Schalen und Untersetzern ausgesät, sind ebenfalls gute Plätze für Hühner- und Gänseeier. Vielleicht findet sich ja sogar ein echtes Vogelnest aus dem letzten Jahr in Ihrem Garten zum Dekorieren.

VIELSEITIGE VERWENDUNG

Gänseeier eignen sich besonders gut, um bepflanzt zu werden. Sie bieten etwas mehr Platz als Hühnereier und ihre Schale ist dicker [→b], was bedeutet, dass sie auch ein Stück weit weniger zerbrechlich sind. Vorgetriebene Zwiebeln von Zwergtulpen, Traubenhyazinthen oder kleine Narzissen finden hier genügend Raum, um weiterwachsen zu können.

In einer Schale mit Moos oder weißem Sand stehen sie sicher und das überschüssige Gießwasser aus dem Loch am Boden des Eis wird aufgefangen.

Auf der Fensterbank in einer Kiste oder in Gläser gesetzt, sind Eier ebenfalls ausgefallene Blumenvasen, die sich gern mit Bellis oder einer Ranunkelblüte zeigen.

Mit einem Loch auf beiden Seiten und Efeublättern oder dicken Holzperlen auf ein Stück Draht gefädelt, sind Eier auch zum Kranz oder Herz gebogen oder als Girlande zu Ostern gern gesehen.

In einen Strauch gehängt oder um einen Baumstamm gewickelt, kommen sie besonders gut zur Geltung.

[a] ALLE SIND DA Eine ganze Vogelschar hat sich in dieser früh blühenden Azalee versammelt. Ihr einzigartiges Aussehen haben die Tierchen der Tatsache zu verdanken, dass sie von Kindern zwischen vier und sechs Jahren gestaltet wurden.

[b] GLÄNZEND AUFGEHÄNGT Nur mit einem ganz dünnen glitzernden Band aufgehängt, ist der Piepmatz sehr beweglich und die Sonne bringt das Gold zum Glitzern. Die Vögel sind sehr leicht, darum reicht eine Aufhängung aus Goldlamé aus.

[c] IM BLICKPUNKT Ein farbloses Öl für Harthölzer schützt den kleinen Fantasievogel vor Frühlingsregen. Zwischen den Zweigen eines Strauchs, an denen sich zum Beispiel nur dicke Knospen und kleine Blätter zeigen, ist er prima zu sehen.

VOGELHOCHZEIT

Amsel, Drossel, Fink …

Der Frühling weckt auch in der Tierwelt die Lebensfreude. Laut zwitschernd und übermütig begrüßen die Vögel den Lenz. Eine ganz besondere Vogelschar könnte sich auch in Ihrem Garten zu Hause fühlen.

VIELSCHICHTIGES HOLZ

Die vielfältige Vogelschar ist aus vier Millimeter starkem Rotbuchensperrholz gesägt [→a]. Rotbuche ist ein hartes, leicht rötliches Holz mit einer relativ gleichmäßigen Maserung. Zu Sperrholz verarbeitet, lässt es sich aufgrund seiner homogenen Struktur gut bearbeiten. Es lässt sich mühelos sägen, bohren und schleifen. Es bricht nicht und reißt an den Rändern nicht aus, auch beim Sägen kleinerer Details. Die Oberflächen lassen sich beizen oder bemalen. Eine Behandlung mit Lack oder Öl ist unproblematisch und notwendig, wenn das Holz im Außenbereich eingesetzt wird, da es nicht wie Eichenholz einen natürlichen Witterungsschutz hat.

FÜR DIE GANZE FAMILIE

Zu der bunten Vogelschar kann jedes Familienmitglied seinen Beitrag leisten und einen oder mehrere Vögel aufzeichnen. Die hier gezeigten Exemplare sind von Kindern im Vorschulalter aufgemalt worden [→b und c].
Buchensperrholzplatten gibt es oft in verschiedenen Größen und Mengen fertig abgepackt und zugeschnitten für Laubsägearbeiten in Baumärkten. Zum Aufzeichnen ist ein weicher Bleistift am besten geeignet. Die Zeichnung kann leicht korrigiert und Reste der Bleistiftstriche können nach dem Aussägen mit Schleifpapier entfernt werden. Mit ein wenig Übung ist das dünne Holz auch für Kinder mit einer Laubsäge zu bearbeiten. Im Handel sind für Laubsägearbeiten speziell geformte Klemmbrettchen mit einer eingelassenen Spannvorrichtung erhältlich. Das Werkstück liegt auf dem Brett auf und hat genügend Bewegungsfreiheit, sodass man es gut führen und an der aufgezeichneten Kontur entlangsägen kann. Mit einem Holzbohrer wird ein Loch für die Aufhängung gebohrt und die Oberflächen und Kanten werden mit Schleifpapier geglättet.
Ob die Vögel farblich gestaltet werden, ist allein Ihrem Geschmack überlassen. Eine farbliche Gestaltung ist mit Acryl-, Plakatfarben oder wasserlöslicher Beize möglich. Mit Beize sind außergewöhnliche Farbverläufe möglich. Die unterschiedlichen, noch feuchten Farbtöne laufen ineinander und mischen sich auf besondere Weise. Angemalte oder gebeizte Vögel sollten mindestens 24 Stunden trocknen, bevor sie mit Lack oder Öl geschützt werden.

EIN VOGEL FÜR JEDEN GAST

Erfinden Sie für sich und Ihre Familie einen neuen Brauch! Schmücken Sie einen Strauch oder einen Baum in der Nähe des Hauseingangs mit den Vögeln und kleinen Schleifen. Jeder Gast, der in der Osterzeit Ihr Haus wieder verlässt, bekommt einen Vogel geschenkt, vielleicht mit einem kleinen Gruß verbunden.

[a] BLÜHENDE ALTERNATIVEN Ein Herz aus dünnem Silberdraht und ein Hornveilchen machen aus dem Einmachglas ein frühlingshaftes Windlicht.

[a]

[c]

[c] ZAUBERHAFT Wunderschön ist dieses kleine Kunstwerk aus mehreren Weidenzweigen. Die Zweige werden vorsichtig, damit die Kätzchen nicht abfallen, zu einem kleinen Kranz gedreht.

[d] EINE EIERWABE ALS STAR Nicht nur zum Aufbewahren und als sicheres Transportmittel für Eier geeignet. Die Tulpenblüten fühlen sich in der Eierwabe sichtlich wohl. Im Eingang oder auf der Gartenbank genießen sie die Sonne.

[b] FÜR ALLE UNGEDULDIGEN Arrangements mit vorgetriebenen Blumenzwiebeln, aus denen schon zarte grüne Blätter hervorschauen, verkürzen die Wartezeit bis sich die ersten Knospen zeigen. Das unterschiedliche Blattgrün und die Form der Blätter sind vom ersten Moment ein schöner Anblick.

[b]

FRÜHLINGSBOTEN

in bester Stimmung

[d]

Nicht eine einzige grüne Blattspitze ist zu sehen, aber die Weidenkätzchen sind schon da. Bald werden den Blütenkätzchen Blätter folgen und den Wechsel der Jahreszeit ankündigen.

AUSSERGEWÖHNLICH PRÄSENTIERT

Der Wunsch nach Frühling lässt unseren Blick auf jede noch so kleine Blüte fallen. Gerade nach dem Winter sind die leuchtenden Farben ein Fest für die Sinne.

Pflanzen Sie Traubenhyazinthen Zwergnarzissen oder Tulpen schon früh in ein hübsches Gefäß, dann können Sie sich auch in der Zeit vor dem Osterfest an ihnen erfreuen. In Krügen, Kannen oder einer alten Suppenschüssel wirken sie, auf einem alten Stuhl am Hauseingang platziert, sehr dekorativ. Glasplatten mit dekorativen Hauben aus Omas altem Küchenschrank [→b] in verschiedenen Größen, mit Blumenzwiebeln oder Bellis und Ranunkeln bepflanzt, bilden ebenfalls ein hübsches, frühlingshaftes Arrangement.

VORGETRIEBEN

Ein Hyazinthenglas in hellgrünes oder weißes Seidenpapier gewickelt, unterstreicht die zarte Farbe der Blätter und später auch die der Blüte. Auf der Fensterbank zur Terrasse oder zum Balkon begrüßen sie den Frühling und haben gleichzeitig einen geschützten Platz.

GRUNDLAGEN

Ein einfacher Drahtring, ein Strohkranz oder ein Kranz aus Weiden-, Reben- oder Birkenzweigen bildet die Grundlage für jeden Kranz [→c]. Die einzelnen Materialien können mit sogenannten Patenthaften aus Metall an den Kranz gesteckt oder mit Bindedraht um ihn herumgewickelt werden.

Sie können auch ein Windlicht mit einem Drahtherz verzieren und die ersten Frühlingsboten daran arrangieren [→a]. Auf dem Gartentisch wirkt das sehr filigran.

FARBGEFÜHL

Reizvolle Ergebnisse erzielen Sie, wenn Sie für die Frühlingsdekoration nur die Farben verwenden, die sich in den Blumen, Vasen und Schalen wiederholen. Pastellfarbene Hyazinthenblüten, Ton in Ton zusammengestellt, wirken ruhig und harmonisch, kräftiges und leuchtendes Orange und Rot von Ranunkeln dagegen hat eine dominante, einnehmende Ausstrahlung. Auch eine Blumenart in unterschiedlichen Farben, die sich in vielen gleichfarbigen Vasen präsentiert, haben eine ausgefallene Wirkung.

BASTELN UND DEKORIEREN

TOPFVARIANTEN

Fast jeder Blumentopf lässt sich mit wenigen Handgriffen in ein außergewöhnliches Einzelstück für Lieblingspflanzen verwandeln. Bepflanzte Emailletöpfe vom Flohmarkt wirken dabei genauso charmant wie liebevoll selbst dekorierte Topfvarianten.

[a] SUPPE ODER SALAT? Ein frischer Salat aus den jungen Blättern des Sauerampfers mit Zucchini oder eine cremige Suppe, mit Spinat verfeinert. Die Blätter dieses Krautes bieten nicht nur erstaunlich viele Möglichkeiten, den Speiseplan zu bereichern, in der leuchtend roten Kasserolle sind sie auch optisch an jedem sonnigen Standort eine echte Attraktion.

[a]

[b]

[b] EINE GUTE KOMBINATION Das Rosmarinstämmchen kommt in der hellblauen Milchkanne außergewöhnlich gut zur Geltung. Leuchtende Farben und besondere Formen der Kochutensilien bilden einen anregenden Kontrast zu den sattgrünen Kräutern.

[c]

[c] EINGETOPFT Der Thymian fühlt sich in seinem Kochtopf besonders wohl. Kleine Löcher im Boden und eine Drainage aus Kies verhindern Staunässe. Bitte den Gießrand bei der Bepflanzung nicht vergessen, damit später beim Wässern nicht zu viel Erde ausgeschwemmt wird.

[d] KRÄUTER STATT KAFFEE Es riecht wunderbar und sieht noch besser aus. Genau wie die anderen Kräuter im ehemaligen Kochgeschirr ist auch der Thymian in der Blechtasse immer da, wo er gebraucht wird – am Grill oder direkt auf dem Gartentisch zum Verfeinern.

EINE NEUE AUFGABE

Kochgeschirr mal anders

[d]

Zum Wegwerfen viel zu schade! Von Frühlingsblühern, Zwiebelpflanzen und Kräutern bevölkert, bilden alte Töpfe, Kasserollen und Siebe einen tollen Blickfang im Garten. In einer sonnigen und geschützten Ecke auf der Terrasse fühlen sie sich richtig wohl.

KRÄUTERPARADE

Viele Kräuter wie Kresse, Petersilie und Schnittlauch sind mit wenig Platz zufrieden. Sie können sie selbst aussäen oder als vorgezogene Pflanzen im Gartenmarkt kaufen. In niedrigen Töpfen, Tellern oder Pfannen kommen sie gut zur Geltung und bieten zwischen Ton- und Keramiktöpfen eine schöne Abwechslung. Auch Rosmarin, Thymian und Blutampfer finden hier gute Bedingungen **[→a]**. Außerdem sind sie praktisch auf dem gedeckten Gartentisch und können direkt aus dem Topf zum Würzen und Verfeinern verwendet werden. Ein kleines Pappschild an einem Zahnstocher oder Schaschlikspieß befestigt, verrät um welche Kräuter und Salatsorten es sich handelt.

GUT AUFGESTELLT

Damit Sie lange Freude an ihrem Topfgarten haben, sollten Sie darauf achten, dass sich kein Wasser stauen kann. Ein oder mehrere Löcher im Topfboden und eine Drainage aus Kies oder Tonscherben verhindern Staunässe. Mit einem Metallbohrer lassen sich die Drainagelöcher gut in den Boden bohren. Spannen Sie dazu das Gefäß fest in einen Schraubstock ein oder halten Sie es mit einer Schraubzwinge, damit es sich beim Bohren nicht mit drehen kann. Bei flachen Gefäßen sollten die Löcher sehr klein sein, damit das Gießwasser nicht sofort wieder abfließt. Ein Stück wasserdurchlässiges Gartenvlies über der Drainage ausgelegt, verhindert das Ausschwemmen der Erde beim Gießen. Eine gute Pflanzerde, die die Pflanzen ausreichend mit Nährstoffen versorgt, ist ebenfalls wichtig.

BEPFLANZUNGSVARIANTEN

Zwiebelpflanzen zum Beispiel, bunt gemischt oder in Gruppen nach Farbe und Größe sortiert, brauchen etwas tiefere Pflanzgefäße. Kochtöpfe in verschiedenen Formen und Größen eignen sich für Tulpen, Hyazinthen, Zierlauch und Narzissen. Auch Primeln, Stiefmütterchen und Vergiss-mein-nicht bieten viele Gestaltungsmöglichkeiten. Dicht gedrängt, den zur Verfügung stehenden Raum voll ausnutzend, wirken diese Frühlingsblüher besonders schön. Durch das Anpflanzen in den einzelnen Töpfen, besteht die Möglichkeit immer neuer Arrangements, da die Töpfe beliebig und leicht umgestellt werden können. So können Sie jeden Tag für Abwechslung sorgen.

SCHNELL UMGESTELLT **Ein Topfgarten bietet nicht nur die Möglichkeit, öfter neue Arrangements zu gestalten, er schützt die Pflanzen auch vor Unwettern, Wind, starken Regengüssen oder zu großer Sonneneinstrahlung. Ein Stellungswechsel reicht aus.**

[a] SCHÖN UMWICKELT Ein Gewebe aus dünnem Peddigrohr zieht sich um den Topf. Die Verlängerung des Grundgerüstes ist aus stärkerem Rohr und dient gleichzeitig als Stütze und Rankhilfe. An einer festen Schnur oder einer Kette aufgehängt, hat dieser Topf auch Platz für herabhängende Pflanzen.

[b] IN REIH UND GLIED Nachdem die einzelnen Bambusstäbe mit einer Säge auf die passende Länge gebracht wurden, sind sie oben und unten mit Draht verbunden worden. Ein breiter Streifen Klebeband auf der Rückseite der Matte verhindert, dass die Stäbe im Draht verrutschen.

[a]

[b]

[c] VERDRAHTET Dieser Blumentopf ist in ein großes Stück Draht eingeschlagen. Der Hasendraht wird dazu wie ein Papierbogen behandelt. Die überstehenden Ecken verschwinden im Topfinneren und werden durch Pflanzerde verdeckt. Hier sind zusätzlich Haselnuss- und Erlenzweige sowie Grashalme im Draht verflochten.

[c]

TÖPFE FEIN GEMACHT

Verkleidet und ummantelt

Ein schlichter Blumentopf lässt sich mit etwas Geschick und Weidenzweigen, Bambus, Efeuranken oder Peddigrohr leicht in ein nicht alltägliches Einzelstück verwandeln.

RUNDHERUM ATTRAKTIV

Frische Efeuranken, dünne Birkenzweige, Binse oder Peddigrohr lassen sich sehr gut biegen, flechten, zusammendrehen und verweben. Sie eignen sich auch für kleine Töpfe. Beim Verarbeiten von Efeu sollten Sie Handschuhe tragen, da er giftig ist und der Pflanzensaft Allergien auslösen kann.

Peddigrohr sind Fasern, die meistens aus dem Inneren der Triebe einer Rattanpalme stammen. Die poröse Struktur verleiht diesem Material eine geringe Dichte und hohe Elastizität. Es wird vor der Verarbeitung in heißem Wasser eingeweicht. Erst wenn das Wasser abgekühlt ist, hat es sich vollgesogen und lässt sich sehr gut formen **[→a]**. Bei der Verarbeitung haben eine gleichmäßige Wicklung oder ein regelmäßiges Flechtmuster einen anderen Effekt als eine zufällige oder ungeordnete Flechttechnik. Spielen Sie mit den Wirkungen und probieren Sie unterschiedliche Varianten aus. Wenn nur ein Teil des Topfes gestaltet wird, leistet eine Heißklebepistole gute Dienste, um die Ranken oder das Flechtwerk in der gewünschten Position zu befestigen.

SCHÖN NEBENEINANDER

Weiden- und Haselzweige kann man nur frisch geschnitten formen. Bambus ist ebenfalls sehr stabil und lässt sich nicht wickeln, aber nebeneinandergelegt und mit Sisal oder Bast zusammengebunden, entstehen Matten zum Verkleiden von Blumentöpfen **[→b]**. Auch eine Mischung aus verschiedenen Zweigen und Ästen kann direkt mit Draht oder Bast an einem Topf befestigt werden. Zu zweit gelingt es leichter, die Matten mit einer Schnur um den Topf zu wickeln. Die Zweige sollten fest gebunden sein, da frische Hasel und frische Weide noch Feuchtigkeit verlieren und sich die Konstruktion sonst wieder lösen könnte.

Mit einer Rosenschere werden die Zweige auf die gewünschte Länge geschnitten. Bambus sollte mit einer Laubsäge oder Stichsäge auf Länge geschnitten werden. Eine Gartenschere würde die Bambusstangen nur unschön zerquetschen und nicht sauber trennen.

INEINANDERWEBEN

Als Trägermaterial für Zweige und andere Materialien ist auch feiner Hasendraht geeignet **[→c]**. Dieser wird mit einer Zange oder einer Blechschere auf die richtige Größe zugeschnitten. Die offenen Drahtenden werden nach hinten gebogen, sodass man sich nicht daran verletzen kann. Passend geschnittene Zweige und andere attraktive Materialien lassen sich nun einfach im Drahtgeflecht verweben oder auch gut gehalten um das Gefäß herumwickeln.

STANDFEST Achten Sie darauf, dass der Topf nach der Gestaltung noch eine gerade Standfläche hat und das Gießwasser abfließen kann. Wenn der Topf in einer Schale steht, sollte die Dekoration nicht mit dem Gießwasser in Berührung kommen.

[a] IM BAUMKLEID In die Rinde einer Platane eingehüllt und mit Astscheiben behängt, ist der alte Übertopf kaum wiederzuerkennen. Die einzelnen Rindenstücke sind mit Heißkleber fixiert. Ein geflochtenes Band aus Blättern des Riesengrases *(Miscanthus floribundus)* hält sie zusätzlich zusammen.

[b] PASST GUT ZUSAMMEN Die Matte ist aus den getrockneten Blättern des Riesengrases gewebt und mit Heißkleber am Topf befestigt. Auch die Mohnkapseln werden mit Kleber gehalten. Ein Stück Rinde rundet die Gestaltung ab und verdeckt gleichzeitig die Klebestelle.

[a]

[b]

[c] EIN KRANZ AUS BINSE Nur um den Topfrand zieht sich ein geflochtener Kranz aus Binse, Blauregen und Heidelbeerzweigen. Die Enden werden mit einem einzelnen Halm zusammengebunden und mit etwas Heißkleber gehalten. Die Blüten der Binsenhalme sind der einzige zusätzliche Schmuck.

[d] FEST VERSCHNÜRT Die Birkenzweige werden mit eng aneinanderliegenden Wicklungen aus Sisal am Topf gehalten. Die Kieselsteine und Glasnuggets sind mit farbigem Draht umwickelt und mit einer Drahtschlaufe in die Zweige gehängt.

[c]

[d]

WIEDERVERWENDET

Töpfe im Festgewand

Aus dem Garten für den Garten! Der Garten hält in jeder Jahreszeit ein Angebot bereit, das zum Beispiel für die Gestaltung von Töpfen und Pflanzkübeln genutzt werden kann.

ES IST ALLES DA!

Der Garten bietet stets eine besonders reiche Auswahl an Naturmaterialien, die bei der Gestaltung von schlichten Terrakottatöpfen oder anderen Pflanzkübeln Verwendung finden können. Über den Winter getrocknet, kann man zum Beispiel die Blütenstände von Stauden oder abgeschnittene Ranken von Blauregen und Binsenhalme nutzen, um schlichte und einfache Tontöpfe in individuelle Einzelstücke zu verwandeln **[→b und d]**. Sie finden bestimmt noch viele andere Dinge in Ihrem Garten, die den Gestaltungsspielraum erweitern.

Für die Neugestaltung sind ältere Tontöpfe oder schlichte, einfarbige Übertöpfe passend. Tontöpfe bilden während der Lagerung im Freien oder durch eine zurückliegende Bepflanzung weiße und grünliche Flecken und Beläge auf der Oberfläche. Diese natürliche Patina kann wie selbstverständlich in die Gestaltung einfließen. Wer diese Patina nicht mag, weicht die Töpfe für mehrere Stunden in Essigwasser ein und entfernt die Ablagerungen danach mit einer Bürste.

ASTSCHEIBEN ALS KNÖPFE

Wenn im Februar die Bäume beschnitten werden, ist eine gute Gelegenheit, Äste von verschiedenen Bäumen zu sammeln. Mit einer Stichsäge oder Bandsäge kann man die Äste in Scheiben schneiden. Diese sind nach einigen Tagen Lagerung trocken genug, um verarbeitet zu werden. Sie können sie auffädeln oder mit der Heißklebepistole direkt am Topf ankleben. Wenn sie mit einer Schnur oder an Draht hängend dekoriert werden sollen, wird in den oberen Teil ein Loch gebohrt **[→a]**. Sie können sie aber auch wie einen Knopf mit zwei oder vier Löchern gestalten. Ein breites Band aus Maschendraht oder geflochtenem Blauregen oder Efeu wird am Topf angebracht und mit dem Knopf „zugeknöpft". Auch eine Matte aus Bambus oder kleinen Ästen kann „zugeknöpft" werden.

Ein Ring aus Birke, Efeu oder Blauregen, mit Heißkleber am Rand des Topfes angeklebt **[→c]**, erlaubt das mühelose Anbringen von weiteren Dekorationselementen, wie Steinen, Rindenstücken, Samenkapseln oder Zapfen. Sie können in den Kranz gesteckt oder am Kranz aufgehängt werden.

BLÄTTER UND BLÜTENSTÄNDE

Blätter und Gräser lassen sich leichter flechten, wenn der Anfang mit Draht oder Schnur zusammengehalten und mit einer Zwinge auf der Werkbank eingeklemmt wird. Eine gewebte Matte hält besser zusammen und lässt sich einfacher am Topf anbringen, wenn das Gewebte auf der Rückseite mit Malerkrepp verstärkt wird, bevor es am Topf angebracht wird.

Die Blütenstände, zum Beispiel von Astern, Fetthenne, oder Mohn können mit Bast oder Draht am Topf befestigt oder direkt zwischen die anderen Deko-Elemente gesteckt werden.

[a]

[b]

[a] UMGEBAUT Eigentlich für die Lagerung und den universellen Transport gedacht, ist mit wenigen Handgriffen aus der Palette ein origineller „Lagerplatz" für allerlei Pflanzen geworden. Eine ideale Bepflanzung für triste Garagenwände oder zur ungewöhnlichen Begrünung eines Gartenhauses.

[b] AUFGEMALT Der Spruch ist mit einem Borstenpinsel aufgemalt und bewusst nicht fein gezeichnet. Die eher grob geschwungenen Buchstaben passen zur rustikal und zweckmäßig zusammengebauten Palette mit Gebrauchsspuren.

[c] ALLES ECHT Dieses Siegel bestätigt, dass es sich um eine echte Europalette der Marke EPAL handelt, die den Vorgaben und Bestimmungen der European Pallet Association e. V. entspricht. Für eine Bepflanzung eignen sich natürlich auch andere Paletten, diese sind aber oft weniger hochwertig verarbeitet und dadurch auch weniger stabil.

[c]

HOCH HINAUS

Vertikales Gärtnern

Der Wunsch nach Grün ist trotz weniger zur Verfügung stehendem Raum zum Beispiel mit einer bepflanzten Europalette zu vereinbaren. Durch die Höhenstaffelung kann hier vielen Pflanzen Platz gegeben werden.

VIEL GRÜN AUF KLEINEM RAUM

Mit einer Europalette kann man vertikal begrünte Flächen schaffen und nach kleinen Umbauten ist sie startklar, um in ihren Fächern Pflanzen gut gedeihen zu lassen **[→a]**. Für die Bepflanzung wird die untere, rückwärtige Seite der Europalette genutzt. Durch passend zugeschnittene Bretter, die an den Eckklötzen angeschraubt werden, entstehen geschlossene Fächer für Erde und Blumen. Eine Folie mit kleinen Löchern oder ein wasserdurchlässiges Vlies, mit dem das Fach ausgelegt wird, verhindert, dass Gießwasser und Feuchtigkeit in das Holz eindringen und dass Blumenerde mit dem Gießwasser ausgeschwemmt wird. Eine gute Pflanzerde und eine Drainageschicht aus Kies sorgen dafür, dass Ihre Pflanzen gut gedeihen.

DINGE, AUF DIE ES ZU ACHTEN, GILT

Eine echte Europalette **[→c]** allein wiegt circa 25 Kilogramm. Zusammen mit der Bepflanzung, der Erde und einer Drainageschicht, ist sie natürlich noch schwerer. Dies sollte bei der Wahl des Standortes und der Befestigung unbedingt berücksichtigt werden. Stabile Metallhaken, mit Dübeln in der Mauer oder Wand befestigt, können die bepflanzte Palette tragen.
Wird die Palette an der Wand oder einer Mauer zum Beispiel nur angelehnt, sollte sie so gesichert sein, dass sie nicht nach vorn kippen oder wegrutschen kann. Mehrere Schrauben mit großen Unterlegscheiben, die durch die Palette in der Wand befestigt werden, geben ausreichend Halt. Auch ein Holzzaun wird unter der Belastung vermutlich zusammenbrechen, wenn die Palette nicht zusätzlich abgestützt und gehalten wird.
Außerdem ist so eine Palette an sich zunächst zwar sehr stabil, aber das Holz ist nur bedingt witterungsbeständig. Ein geschützter Platz oder eine Behandlung mit einem Holzschutzmittel für den Außenbereich erhöhen die Lebensdauer Ihres vertikalen Gartens.

FAST ALLES IST MÖGLICH

Neben einer wechselnden Saisonbepflanzung gedeihen auch Kräuter, Salate und Tomaten im Palettengarten. Natürlich kann die Palette auch der Ausgangspunkt für eine Wandbegrünung mit Kletterpflanzen wie Klematis, Efeu oder Geißblatt sein.
Mehrere Paletten mit unterschiedlicher Bepflanzung ersetzen fast einen horizontalen Garten.
Ein farbiger Anstrich mit Acrylfarben oder der Name der Kräuter und Blumen, die in der Palette wachsen, sind weitere Gestaltungsmöglichkeiten. Auch ein Sinnspruch **[→b]** oder eine Zeile aus Ihrem Lieblingsgedicht sind ein besonders schmückendes Element.

WO GIBT ES PALETTEN? **Überall, wo Waren verladen und transportiert werden, wird mit Paletten gearbeitet. Dort vor Ort, bei Speditionen oder Firmen in Ihrer Nähe, können Sie Europaletten erwerben. Auch im Internet gibt es einige Anbieter.** **Siehe auch Seite 138 Nützliche Adressen.**

KEIN ALTES EISEN

GEDIEGENES METALL

Durchstöbern Sie Keller und Dachboden! Werden Sie zum Jäger von Schätzen aus Metall, die in Ihrem Garten bestimmt eine neue Verwendung finden. Ausgediente Werkzeuge, Schrauben, Nägel, Rohre, Bleche oder Metallteile von Maschinen, alles kann verwendet werden.

[b] OPTISCH STARK Im Staudenbeet lassen sich dekorative Metallstäbe einzeln oder in Gruppen gut einsetzen. Eigene Entwürfe oder Fertigteile, die zum Beispiel bei Metallgeländern Verwendung finden, eignen sich gut für die Gestaltung. Sie stützen üppige Stauden, wie Mohn, Rittersporn oder Schafgarbe, als Pflanzstab verwendet.

[a] AUSSERGEWÖHNLICH GEHALTEN Viele Möglichkeiten, sich zu winden und zu ranken, bietet ein altes Fenstergitter. Einzelne Stangen und Verzierungen erleichtern den Halt und ermöglichen stark schlingenden Pflanzen, wie Blauregen und Klematis, den Aufstieg in die Höhe ohne das Gitter zu zerquetschen.

[c] RUNDHERUM GESTÜTZT Zusätzlich angebrachte Elemente, wie Blüten oder Ornamente, verschönern die Pflanzpyramide nicht nur, sie sind gleichzeitig auch „Stützhilfen". Eine schöne Rose fühlt sich hier genauso wohl wie wild wuchernde Glockenblumen. Bei der Auswahl sollte man darauf achten, dass die Wuchshöhe der Pflanze und die Größe der Pyramide zusammenpassen.

IDEEN AUS METALL

Es rankt und klettert

Auch Pflanzen schmücken sich gern, um ihre besonderen Eigenschaften noch besser zur Geltung zu bringen. Unterstützen Sie sie mit selbstgebauten Rankhilfen und Pflanzstäben aus Metall.

HELFER FÜR HALT UND HÖHE

Pflanzen sind nicht wählerisch, sie erobern alle Gegenstände, die ihnen geboten werden, und verleihen ihnen dadurch neuen Charme [→a]. Kletterhilfen und Rankstäbe aus Metall eignen sich besonders gut für die Gestaltung Ihres Gartens. Sie sind haltbar und stabil und lassen sich fast überall einfach anbringen, beziehungsweise in die Erde stecken. Eine Mischung aus verschiedenen Metallarten und Gestaltungselementen bringt Abwechslung und Farbe, nur eine Metallsorte und ein sich wiederholendes Element ergeben ein harmonisches Bild.

WANDELBAR

Da sich die Oberfläche von Metall im Laufe der Zeit verändert, verändert sich auch das Bild für den Betrachter. Durch Korrosion verwandeln sich Farbe und Oberfläche. Kupfer wird grün, Aluminium verliert seinen Glanz und wird grau, Stahl wird rotbraun [→b]. Die Oberfläche von Stahl verändert sich am stärksten, sie wird rau und spröde. Über die Jahre gibt es so immer Neues zu entdecken. Auch die Jahreszeiten gestalten das Erscheinungsbild der Kletter- und Rankhilfen immer wieder neu. Von Stauden eroberte Pflanzstäbe oder Pyramiden geben ihre Veränderungen erst nach dem Rückschnitt im Herbst preis.

ECKEN UND KANTEN

Viele „Schätze" sind von sich aus schön und benötigen keine Kombination mit anderen Gegenständen oder Veränderungen, um zu wirken. Bei anderen Fundstücken bietet sich die Anordnung in einer Gruppe oder eine Kombination verschiedener Einzelteile geradezu an. Wenn das ein oder andere Teil fehlt, erhalten Sie beim Händler oder Verwerter von Altmetall bestimmt Metallteile, die das gewünschte Arrangement vervollständigen. Wenn Sie Teile verschweißen möchten, finden Sie bei einem Handwerker oder in einer Schmiede sicher jemanden, der die Schweißarbeiten übernimmt. Nehmen Sie sich aber zunächst Zeit beim Probieren und Kombinieren und überlegen Sie, welche Teile wo miteinander verschweißt werden sollen.

FESTGELEGT **Eine Markierung an den Stellen, wo Teile miteinander verschweißt werden sollen, erleichtert Ihnen oder dem Handwerker die Arbeit. Wenn Sie mehrere Objekte schweißen möchten, legen Sie die dazugehörigen Einzelteile zusammen, das schafft Übersichtlichkeit und vermeidet Verwechslungen.**

[a]

[b]

[c]

[a] GESTATTEN? Zwischen hohen Büschen schaut ein Fantasievogel hervor. Nur der Kopf und der lange Hals, der gleichzeitig die Befestigung ist, sind zu sehen. Ob zwischen Sträuchern und Bäumen oder blühenden Stauden, das ist egal, dieser Charakterkopf macht sich überall gut.

[b] ABSTRAKTE KUNST In dieser Skulptur sind unterschiedliche Werkzeuge verarbeitet, dabei dient ein Teil der Figur gleichzeitig als Befestigung im Boden. Griffe aus Holz oder Kunststoff müssen nur entfernt werden, wenn sie beim Verschweißen stören.

[c] VERSPIELT Setzen Sie die Gesetze der Schwerkraft außer Kraft und spielen Sie mit dem eigentlich Unmöglichen! Eine frei schwebende Kette, übereinanderstehende Nägel und Schrauben oder gestapelte Metallteile ziehen die Aufmerksamkeit auf sich.

[d] NOCH MEHR FANTASIE Zwischen all den gelben Sonnenblumen wachsen besondere Blumen und Gräser. Bei der vermeintlichen Blume links im Bild ist die Verwendung von farblich unterschiedlich lackierten Metallen reizvoll.

FANTASIEFIGUREN

Kunst & Verwandlung

[d]

Wohin mit den ausgedienten Gartengeräten, den schon angerosteten Werkzeugen und den verbogenen Nägeln? Neu zusammengestellt und mit Fertigteilen aus Metall ergänzt, warten Skulpturen, Tiere und andere Kunstwerke nur auf ihre Entdeckung.

DER REIZ DER FEHLER

Die Metallharke mit verbogenen Zinken und abgeplatztem Lack ist genau richtig für eine futuristische Skulptur oder eine ausgefallene Frisur an einer Figur [→a]. Der verbogene Nagel hat genau den richtigen Schwung, um einen Pflanzenstängel zu imitieren. Ausgemusterte Gartengeräte und Werkzeuge haben oft schon Macken. Neue Fehlstellen, die durch die Bearbeitung oder die Veränderung der einzelnen Teile entstehen können, kleine Stücke, die abbrechen, oder wenn der noch vorhandene Lack weiter abplatzt, erhöhen nur den Reiz. Eine Behandlung der Oberflächen mit grobem Werkzeug oder einem spitzen Gegenstand ergibt Beulen und tiefe Kratzer. Diese Beschädigungen rosten etwas schneller, da sich, je nach ihrer Position, Wasser darin sammeln kann. Auffallende Akzente kann man mit einer Kombination von „fehlerhaften" und neuen, vielleicht noch glänzenden oder vollständig lackierten Metallteilen setzen.

FORMGEBUNG

Breiten Sie Ihre Fundstücke auf dem Boden vor sich aus und legen Sie verschiedene Blumen, Tiere oder Skulpturen zusammen. Das Formen von Metall erfordert Kraft und schweres Werkzeug. Aber mit einem schweren Hammer und einer guten Halterung, am besten in einem fest installierten Schraubstock eingespannt, lassen sich dünne Bleche und Rohre oder kleine Platten biegen, breit schlagen und in andere gewünschte Formen bringen. Werkzeug kann man nur schlecht in der Form verändern, da es oft aus besonders gehärtetem Stahl besteht. Teile aus Aluminium oder Kupfer lassen sich nicht direkt mit eisenhaltigen Metallen verschweißen, aber mit Eisendraht umwickelt können sie mit dem Draht am Objekt verschweißt werden. Eine Halterung aus Metall zum Aufhängen oder -stellen kann gleich mit angeschweißt werden. In einer Schmiede oder bei einem Handwerker lassen sich Ihre Kunstwerke nach Ihren Vorstellungen zusammensetzen, wenn Sie selbst keine Möglichkeit zum Schweißen haben.

STELLEN, STECKEN, AUFHÄNGEN

Die angeschweißte Aufhängung oder die Stange zum Stecken sollte dem Gewicht und der Größe des Objektes angepasst sein. Bei manchen Objekten bietet sich auch ein Teil der Figur als Halterung oder Aufhängung an. Sollen die Kunstwerke im Rasen oder zwischen den Blumen in der Erde stecken, sind Metallstangen oder dünne Rohre ideal. Haken, Ösen, Drahtschlaufen, Knotenbleche oder Metallwinkel eignen sich gut für eine stabile Aufhängung. Der Fachhandel hat ein breites Angebot in unterschiedlichen Größen und Stärken, sodass sich für jedes Kunstwerk etwas Passendes findet.

[a] „I'M SINGING IN THE RAIN" Man könnte fast meinen, das selbst geschweißte Männchen singt und tanzt wie Gene Kelly im Regen. So ganz nebenbei wird der Regen in einem Messbecher aufgefangen und ist für uns als Niederschlagsmenge ablesbar.

[b] AUF DEM SONNENDECK Auf Steinplatten, Findlingen oder breiteren Holzelementen fühlen sich Eidechsen wohl. Auch dieses Exemplar (www.d-i-o.com) liebt es, in der Sonne zu liegen und sich auszuruhen. Vielleicht hat sie sogar ein Plätzchen in der Nähe, wo sie sich, wenn es zu warm wird, verkriechen kann?

[a]

[b]

[c] SPITZENPOSITION Von dieser Position aus hat nicht nur der Vogel (www.d-i-o.com) den Überblick, auch wir können ihn fast nicht übersehen. Als Einzelstück von allen Seiten gut sichtbar, kann er seinen Charme richtig entfalten. Um für einen festen Stand zu sorgen, kann der Fuß mit einer Krampe im Holz befestigt werden.

[c]

HEIMLICHE MITBEWOHNER

Figuren aus Metall

Es muss nicht alles selbst erdacht und gebaut sein. Der Handel bietet unzählige Figuren und Objekte aus Metall an. Allein oder in Kombination mit Selbstgemachtem entstehen so viele neue Gestaltungsmöglichkeiten.

NAH AN DER WIRKLICHKEIT

Sie wollten schon immer Frösche, seltene Vögel, Käfer, Eidechsen oder exotische Tiere und Gewächse in Ihrem Garten haben **[→b und c]**. Kein Problem! Im Gartencenter oder im kunsthandwerklichen Gewerbe gibt es fast alles, was Sie sich wünschen, und durch die Kombination mit selbst gefertigten Dekorationen aus Metall und anderen Materialien erweitern sich die Gestaltungsmöglichkeiten um ein Vielfaches.

Ein paar Frösche gesellen sich ohne großes Aufsehen zu ihren Kollegen am Teich oder lassen Sie einen oder mehrere bunt gefiederte Gesellen vom Gartenzaun aus Ausschau halten und den Eingang bewachen. An einer ausgewählten Stelle, vielleicht sogar auf einem gepflasterten Hof oder Weg wächst die ausgefallenste, von Ihnen geschweißte Blume, mit ihren Artgenossen aus dem Gartencenter sogar im Schatten. Auf der Terrasse sonnen sich Eidechsen inmitten kunstvoll gestalteter Töpfe und Schildkröten sitzen zwischen den Salatpflanzen und lassen es sich schmecken.

Ein Gefäß für die Messung der Niederschlagsmenge **[→a]** wird durch eine außergewöhnliche, selbst geschweißte Halterung zu etwas Besonderem.

FÜR DAS LEBEN IM FREIEN GEEIGNET

Achten Sie beim Kauf auf eine gute Verarbeitung. Alle Teile sollten fest miteinander verschweißt sein, kleinere Details sind oft angeschraubt, auch sie müssen fest mit der Figur verbunden sein. Besonders die Halterung zum Stecken oder Aufhängen muss sicher angebracht sein und zu Größe und Gewicht des Objektes passen. Erkundigen Sie sich, wie witterungsbeständig das Material und die Lackierung sind und ob es bevorzugte Standorte gibt. Die meisten Mitbewohner bleiben an einem geschützten Platz länger schön. Im Fachhandel erhalten Sie Lacke, die aufgetragen werden können, um das Material vor Rost oder Abplatzen am Lack durch Witterungseinflüsse zu schützen, allerdings hat auch die natürliche Verwitterung durch Rost oder abblätternde Farbe ihren Reiz. Tiere und Blumen verändern sich mit Ihnen und Ihrem Garten, man kann ihnen ansehen, dass sie schon lange gern gesehene Gäste sind.

WINTERSCHUTZ **Damit Sie lange Freude an Ihren Tieren und Pflanzen haben, besonders an den farbig gestalteten Objekten, sollten alle Metallgegenstände den Winter im trockenen Keller verbringen. So sind sie vor Frost und andauernder Feuchtigkeit geschützt.**

NATÜRLICHE BEGLEITER

HOLZWELTEN

Holz ist ein vielseitiges und leicht zu verarbeitendes Material mit warmer Ausstrahlung. Heimische Harthölzer wie Eiche, Buche, Erle oder Kirschbaum bieten eine Fülle von Möglichkeiten für die Umsetzung Ihrer Ideen. Sägen, schnitzen und schmirgeln Sie los!

[a]

[a] SCHLICHTE KUNSTWERKE Die Ausstrahlung liegt hier nicht in Details, sondern in der Schlichtheit von einfach gestalteten Motiven. In die Bohlen gesägte Häuser und Bäume oder Blumen fügen sich sowohl vor Hecken als auch zwischen Stauden leicht in die Umgebung ein.

[b]

[b] VEREDELN Durch den Einfluss von Sonne, Wind und Regen bildet Eiche mit der Zeit eine Patina. Diese unterstützt die natürliche Wirkung des Holzes und hat keine Auswirkungen auf die Haltbarkeit des Materials. Eine Behandlung mit einem Öl für Harthölzer verzögert die Bildung der Patina.

[c] AUF KLEINSTEM RAUM Kleinere und niedrigere Gestaltungselemente wie diese Häusergruppe findet auch in einem nicht so großen Garten Platz. Bodendeckende Pflanzen bilden dabei ein schönes Umfeld, Sie können die Häuser aber auch farblich gestalten und auf den Rasen stellen.

[d] WEICHE FORMEN Runde, organische Formen haben eine andere Wirkung als gerade, klare Linien. Spielen Sie bei der Gestaltung mit den unterschiedlichen Wirkungen und probieren Sie auch Kombinationen.

[c]

[d]

EIN STÜCK EICHE

Bretter in Hochform

Es ist im Brett versteckt, man muss nur genau hinschauen. Dann erkennt man die Blume, den Baum oder das Haus. Eine Bohle aus Eiche, nur wenig gestaltet und verändert, ist außergewöhnlich.

IN EINEM ZUG

Motive, die in einem Zug gestaltet sind, bestechen durch ihre einfachen Strukturen. Sie beschränken sich auf das Wesentliche und werden so zu zu etwas ganz Speziellem. Einfache Formen ohne Verzierungen und ausgearbeitete Details, wie bei den Hochhäusern, haben die gleiche Ausstrahlung. Auch ihre Ausdruckskraft liegt im schlichten und einfachen Design. Kinder beherrschen diese Art, Dinge zeichnerisch darzustellen, besonders gut und sie unterstützen Sie bestimmt gerne bei der Erstellung und Auswahl eines Motives für Ihr ganz persönliches Stück Eiche **[→c und d]**.

FÜR DEN MÖBELBAU NICHT GEEIGNET

Aber für Sie gerade richtig! Verfärbungen, Fehlstellen oder Astansätze machen das Holz für den Möbelbau nicht verwendbar, auch Bohlen mit hohem Splintholzanteil sind für den Tischler und die Möbelindustrie nur bedingt geeignet. Im Garten aber machen sie Ihr Kunstwerk zu etwas Einzigartigem. Ein schiefer Sägeschnitt, Einkerbungen oder kleine Beschädigungen, die durch die Bearbeitung entstanden sind, heben die besondere Wirkung hervor und lassen sich oft in ein Motiv integrieren.

EIN BESONDERES HOLZ

Eiche ist ein festes, sehr hartes Holz. Es ist dauerhaft und lässt sich nicht so leicht aus der Form bringen. Regen, Schnee und Frost können ihm nur wenig anhaben. Durch den hohen Anteil an Gerbsäure, besonders wenn es noch nicht abgelagert ist, hat das Holz einen eigenwilligen Geruch. Es quillt nicht auf und bildet fast keine Risse. So bleiben ausgesägte Formen und Löcher lange ohne Formveränderungen erhalten. Durch diese Eigenschaften ist es besonders für die Anwendung im Freien geeignet. Mit gutem und scharfem Werkzeug lässt es sich einfach bearbeiten. Wenn man darauf achtet, dass sich nirgendwo Wasser sammelt und dass bei der Befestigung kein Bodenkontakt besteht, wird man lange Freude an seinen Kunstwerken haben.
Eiche wird im Laufe der Zeit grau, wenn dieser Effekt nicht gewünscht ist oder sogar verhindert werden soll, behandeln Sie Ihre Werke regelmäßig mit einem Öl für Harthölzer.

VORGEZEICHNET Benutzen Sie zum Aufzeichnen der Motive einen Bleistift und keinen Filzstift oder Kugelschreiber. Wenn Sie die aufgezeichnete Linie beim Sägen nicht genau treffen, hinterlassen Filzstift oder Kugelschreiber unschöne Reste, die bei Feuchtigkeit auslaufen und das Holz verfärben. Reste von Bleistiftlinien können einfach mit einem Radiergummi oder etwas Schleifpapier entfernt werden.

[b]

[a]

[a] HIER BIN ICH Ohne aufwendige Details überzeugt dieser Wegweiser durch eine einfache und schlichte Gestaltung und zeigt jedem Besucher an, wo sich der Besitzer gerade befindet.

[b] FLAGGE ZEIGEN Eine Fahne im Stil der alten Ritter, auf dem Hof oder am Gartentor aufgestellt, fordert Besucher dazu auf, hereinzukommen und sich umzuschauen. Die Halterung der Fahne ist aus einem alten Schaufelstiel und einer Metallstange zusammengesetzt.

[c] HEREINSPAZIERT! Heißen Sie sich und Ihre Gäste willkommen. Die einzelnen Elemente des Schildes sind mit wasserlöslicher Beize eingefärbt, die die Maserung des Holzes noch gut erkennen lässt.

[d] DIVERSE ZANGEN Zum Trennen von Draht eignen sich eine Kneifzange oder ein Seitenschneider. Mit kleinen Flach- und Rundzangen lässt sich der Draht gut halten und biegen. Außerdem lassen sich mit den Zangen schöne Ecken und gleichmäßige Rundungen formen.

[c]

HIER GEHT'S LANG

Schilder und Wegweiser

[d]

Sie leiten Besucher zu unseren Lieblingsplätzen im Garten oder liefern Informationen zum Verbleib des Besitzers. Mit Drahtbuchstaben beschriftet und kleinen Details verschönert, lässt man sich auf jeden Fall gerne von ihnen führen.

HINGESTELLT ODER AUFGEHÄNGT?

Ob Sie sich bei der Grundform eines Schildes oder einer Gartenfahne an der vorhandenen Form eines Brettes orientieren oder ob Sie die Form nach eigenen Vorstellungen aussägen, ist Ihren Vorlieben überlassen. Für eine Gartenfahne oder einen Wegweiser sind dicke Bretter schöner, sie wirken massiv, vielleicht sogar wuchtig und lenken so schon von Weitem den Blick des Betrachters auf sich. Kleinere Schilder wirken durch ihre Farbigkeit, einzelne Details und ihren mehrschichtigen Aufbau. Die Einzelteile lassen sich besser aus dünnem Holz fertigen. Mit einer Kette, einer dicken Sisalkordel, Strohband oder einem Haken zum Aufhängen, können Sie Ihren Wegweiser individuell gestalten. Das Gleiche gilt für die verschiedenen Möglichkeiten, Ihr Schild aufzustellen. So können zum Beispiel ein Rundholz, ein dicker Ast, ein Rohr aus Metall oder ein Schaufelstiel [→b] als Haltestange fungieren.

GEMALT ODER GEFORMT?

Die Schriftzüge können aufgemalt oder aus Draht geformt werden [→a]. Eine glatte Oberfläche erleichtert das Auftragen der Farbe und macht die Schrift gut leserlich. Acrylfarben sind lichtecht und benötigen keinen zusätzlichen Schutz.
Um die Aufschrift gut zu positionieren, sollte man die Buchstaben mit einem weichen Bleistift vorzeichnen. Eine Schablone in Form des Schildes aus Papier mit vorgezeichneten Buchstaben ist hilfreich, wenn der Schriftzug aus Draht geformt wird. Die Größe und Breite der Buchstaben kann anhand der Schablone immer wieder überprüft und korrigiert werden, der Schriftzug wird so schön gleichmäßig.
Dünner Draht lässt sich mit den Fingern biegen und formen, trotzdem sind eine Rundzange, eine Flachzange und ein Seitenschneider hilfreich. Für dickeren Draht benötigt man zusätzlich einen Schraubstock, der den Draht hält, sodass man mit beiden Händen arbeiten kann. Ein Hebel-Seitenschneider trennt auch starkes Material ohne Mühe.
Geeignet sind herkömmlicher oder geglühter Bindedraht, Steckdraht, Weidezaundraht aus dem Landhandel oder Kupferdraht aus dem Elektrohandel. Man kann auch beschichtete Drähte verwenden, sie müssen allerdings vorsichtig geformt werden, damit die Beschichtung nicht beschädigt wird.

DAS HÄLT FEST

Zur Befestigung der Beschriftung biegt man am Anfang und Ende eines Wortes oder einzelner Buchstabengruppen ein Stück des Drahtes nach hinten. Nun an den entsprechenden Stellen Löcher in das Schild bohren, der Durchmesser der Bohrung entspricht dabei der Stärke des Drahtes, und die nach hinten gebogenen Drahtstücke in die Löcher hineindrücken.

[a] UMGESTALTET Dicke Kordeln als Griffe und Henkel und eine Unterteilung aus Sperrholzbrettern im Innern machen aus einer einfachen Weinkiste einen hübschen Aufbewahrungsort für Sämereien, Blumenzwiebeln und kleine Gartengeräte.

[b] HÜBSCH VERSTAUT Ein besonderer Platz ist dieser Kiste, aus Multiplex gefertigt, sicher. In ihr sind zum Beispiel rote und weiße Schalotten bis zum Verzehr bestens aufgehoben.

[c] FLORALE ORNAMENTE In den Deckel ist ein Muster gearbeitet worden. Durch das Anschleifen wird die unterschiedliche Färbung der einzelnen Holzschichten sichtbar. Gut verpackt, liebevoll beschriftet und sicher in der Kiste verstaut, braucht sich Ihr gesammeltes Saatgut nicht zu verstecken.

SCHÖN AUFBEWAHRT

abgepackt & einsortiert

So macht aufbewahren Spaß! Kleine Gläser mit Schraubdeckel und bunt gestaltete Papiertüten hüten die Blumen- und Gemüsesamen bis zur nächsten Aussaat. In einer schönen Kiste verpackt, brauchen sie sich nicht in einer dunklen Ecke verstecken.

SCHÖNE KISTEN

Haben Sie Ihre Lieblingsblumen schon gefunden und können gar nicht genug davon in Ihrem Garten wachsen? Ernten Sie doch einfach die Samen und sorgen Sie so für ein Blütenmeer Ihrer Lieblingspflanzen im nächsten Jahr.

Beginnen Sie schon im Winter oder spätestens im Frühling, kleine Gläser, Dosen und besonders ausgefallen geformte Gefäße zu sammeln. Ein idealer Sammelplatz für die Gläser und Dosen ist eine Holzkiste mit Deckel. Eine Weinkiste, eine große Zigarrenschachtel oder eine schlichte Holzkiste lassen sich mit Seilen als Griffe oder mit einem Muster im Deckel in Schatzkisten verwandeln **[→a und b]**.

Vielleicht haben Sie sogar schon eine genaue Vorstellung davon, welche Pflanzen Sie vermehren möchten. Gestalten Sie ausreichend große Aufkleber und Pappschilder, mit denen Sie die Gläser und Gefäße kennzeichnen können. Notieren Sie den Namen, die Farbe der Blüten, die Blütezeit und den Standort in Ihrem Garten. So sind Sie gut vorbereitet, wenn die Samenernte beginnt. Mit den Informationen der Aufkleber und Pappschilder fällt es bei der Aussaat im kommenden Jahr leicht, für jeden Bereich im Garten die richtigen Pflanzen auszuwählen.

BIS ZUR AUSSAAT

Eine selbstgebaute Kiste aus Schichtholz oder Multiplex bietet Ihren Sämereien einen stilvollen Aufbewahrungsort **[→ c]**. Durch die mehreren Schichten ist Multiplex für ein Lochmuster im Deckel besonders geeignet. Zeichnen sie das Muster mit einem weichen Bleistift vor und kennzeichnen Sie alle Details, die ausgesägt werden sollen. Achten Sie darauf, dass die Abstände zwischen den einzelnen Elementen des Musters breit genug sind.

In die auszusägenden Elemente wird ein Loch gebohrt, durch das das Sägeblatt der Laub- oder Dekupiersäge geführt wird. Nach den Sägearbeiten werden alle Ränder mit Schleifpapier geglättet und nach Wunsch so lange angeschliffen bis einzelne Teile der Schichten zu sehen sind.

ERNTEZEIT

Wer Pflanzen vermehren möchte, sollte immer nur einige wenige welke Blütenstände stehen lassen. So kann die Pflanze Samen bilden und gleichzeitig hat sie noch genügend Kraft für viele neue Blüten. Zum Abschneiden der Samenstände oder Kapseln ist ein scharfes Messer oder eine Gartenschere gut geeignet. Ein feines Sieb erleichtert die Trennung von Samen und trockenen Samenhäuten und Pflanzenteilen. Geerntet wird immer bei trockenem und sonnigem Wetter, auch der richtige Reifezeitpunkt der einzelnen Pflanzen ist zu beachten.

[a] AUS ALTEM FACHWERK Einige Insektenarten bevorzugen Brutröhren in vergrautem, abgelagertem Holz. Die Einflugöffnungen müssen sauber gearbeitet sein, damit sie von den Insekten angenommen werden. Ein Stück aus ehemaligen Fachwerkhölzern eignet sich besonders gut, um auch diesen Arten ein artgerechtes Zuhause anbieten zu können.

[b] RÖHRENHEIM Statt einzelner Fächer können auch Tonröhren mit den unterschiedlichsten Materialien gefüllt werden. Die Farbe der Tonröhren hat den zusätzlichen Nebeneffekt, dass sie Florfliegen anlockt. Florfliegen mögen nämlich Rot.

INSEKTEN IM GARTEN

Ein Hotel für besondere Gäste

In einem naturnahen Garten ist auch Platz für die kleinen und nützlichen Mitbewohner. Sie unterstützen uns bei der Arbeit und sorgen für die Vermehrung der Pflanzen. Bieten wir ihnen die Möglichkeit, sich in unserem Garten wohlzufühlen und sich niederzulassen.

EIN SONNIGES PLÄTZCHEN

Ein Insektenhotel oder -kasten ist meistens darauf ausgerichtet, für „nützliche Insekten" eine künstliche Nist- und Überwinterungshilfe zu schaffen. Durch intensive Eingriffe in die Naturlandschaft sind die natürlichen Lebensräume, wie Lehmtrockenhänge oder Totholz, sehr eingeschränkt. Hummeln, unterschiedliche Wespenarten, Wildbienen, Florfliegen und Ohrwürmer sind wichtig, um das ökologische Gleichgewicht zu bewahren. Sie betätigen sich auch in unserem Garten als Schädlingsbekämpfer und Bestäuber von Blüten an Blumen und Bäumen.
Der beste Standort für ein Insektenhotel ist ein Platz in der vollen Sonne, gleichzeitig sollte er witterungsgeschützt sein **[→a und b]**.
Ein ausreichender Schutz vor Wind und Niederschlägen und die Sonne für die zur Brut benötigte Wärme stellen sicher, dass das Hotel auch von den Insekten angenommen wird. Außerdem bleiben die verwendeten Naturmaterialien länger erhalten.
Alle Fächer des Hotels müssen immer gut gefüllt sein, damit das Material nicht auskühlt oder durch die Bewegung der Tiere herausfällt. Gerade in der ersten Zeit nach dem Aufstellen sollte man die Fächer regelmäßig überprüfen und gegebenenfalls nachfüllen.

BAUARTEN

Die Grundkonstruktion der meisten Insektenkästen besteht aus einzelnen neben und übereinanderliegenden Fächern. Mit langen Kanthölzern lässt sich ein solches Gerüst gut bauen. Als oberer Abschluss wird ein schräges Dach aufgesetzt. Diese Konstruktion kann mit Metallhaken oder kleinen Winkeln aufgehängt oder mit Ständern fest im Erdreich verankert werden. Alle verwendeten Hölzer müssen frei sein von chemischen Holzschutzmitteln und eine farbliche Gestaltung sollte sich nur auf die äußeren Teile des Hotels erstrecken.
Als Füllmaterial für die einzelnen Fächer eignen sich Baumscheiben, kleine Äste, grobe Holzspäne, Holzwolle, Baumrinde, Stroh, Heu, Bambusstäbe und Reisig. Auch durchlöcherte Backsteine, Tontöpfe, Torf und Lehm sind geeignet. Die Füllmaterialien müssen trocken sein und frei von Lack und Farbresten oder anderen chemischen Mitteln, wie zum Beispiel Klebstoffen.
Brutröhren werden im leichten Winkel nach oben mit einem Durchmesser zwischen zwei und zehn Millimetern in Hartholz gebohrt, dabei sollte man das Holz nicht ganz durchbohren, sondern mindestens einen Zentimeter stehen lassen, damit die nebeneinanderliegenden Brutröhren eine feste Rückwand haben.

DER RICHTIGE STANDORT **In den meisten Gärten und in der Umgebung finden die Insekten genügend Nahrung, aber Kräuter, blütenreiche Wildpflanzen und einheimische Sträucher und Bäume in der Nähe des Hotels sind ein zusätzliches Angebot für die Tiere und erhöhen die Annahme des künstlichen Quartiers.**

DEN HAB NUR ICH

ORIGINELLE STEINE

Steine sind schwer, wuchtig und bilden mit ihrer rauen, unbearbeiteten Oberfläche zwischen zarten oder edlen Pflanzen einen reizvollen Kontrast. Ob als interessantes Einzelstück, als stilvolle Bank oder als Material für formschöne Beetgestaltungen.

[a] GRENZMARKIERUNGEN Ein Grenzstein ist eine Kennzeichnung einer Flurstück-Grenze. Manche Grenzsteine sind aufwendig gestaltet, aus besonderem Material und mit dem Wappen des Besitzers versehen. Andere sind nur mit einem Kreuz auf der Oberseite gekennzeichnet. Manchmal findet man auch einfache Zementpfeiler ohne jegliche Verzierung.

[b]

[a]

[c]

[b] AUS EINER ANDEREN ZEIT Einen gut gewählten Platz, mehr braucht ein größerer Findling nicht, um sich in Ihrem Garten in Szene zu setzen.

[c] EINZIGARTIG Eine Sitzgelegenheit aus Stein hat ihren eigenen Charme. Teile vom Abriss lassen sich mit fertigen Teilen aus der Steinmanufaktur oder mit Fertigteilen aus Beton kombinieren.

[d] WEGMARKIERUNGEN Kilometersteine dienten zur genauen Lagebestimmung auf Verkehrswegen. Besonders bei Erdarbeiten oder Ausschachtungen an alten oder umgelegten Straßen tauchen sie immer wieder auf, da sie an der neuen Straße durch Kunststoffmarkierungen ersetzt und die alten Steine als Fundament mit verarbeitet wurden.

[e] KONTRASTREICH Weiches, dichtes Moos hat die flache Seite dieses von der Witterung gekennzeichneten Steins erobert und sogar winzige Blüten ausgebildet. Ein Stillleben der besonderen Sorte.

[d]

ICH WAR MAL ...

Steine mit Geschichte

[e]

Es gibt viele Steine mit Geschichte. Steine, die am Wegrand standen, die eine Grenze markierten oder mit denen der Hof gepflastert war, auf dem Sie als Kind gespielt haben. Alle diese Steine verdienen einen ausgewählten Platz, warum nicht in Ihrem Garten?

SO WIE FRÜHER

Markieren Sie mit einem Grenzstein wieder eine Grenze, die Grenze Ihres Gartens oder die Fläche, auf der das Fußballspielen erlaubt ist, oder einen Bereich, in dem Ihre Lieblingspflanzen wachsen [→a]. Ein Kilometerstein könnte den Eingang schmücken oder als Wegweiser dienen. Die alten Ziegelsteine bilden ein Podest für Pflanzen oder eine kleine Mauer, die verschiedene Bereiche voneinander trennt. Zusammen mit anderen Steinen und Wegplatten werden die Pflastersteine zu einem Pfad, in dem sie ein außergewöhnliches Gestaltungselement sind. Auch beim Abriss alter Häuser lassen sich Steine finden, die zu schade für die Mulde sind. Aus Mauerverzierungen und alten Simsen oder Fensterbänken kann man zum Beispiel eine Bank bauen [→c].

FINDLINGE

Jeder Stein ist einzigartig, seine Farbe, die Oberfläche und seine Form. Findlinge als Einzelstücke oder als Gruppe haben eine unterschiedliche Wirkung [→b]. Als großer Einzelgänger sind sie dominant und werden von Pflanzen nicht so schnell in den Schatten gestellt, nur Moose und Flechten haben eine Chance. Kleine Steine, besonders die „Findlinge" vom letzten Urlaub am Meer oder vom Spaziergang durch den Wald, können sich gut einordnen und lassen sich von niedrigen Stauden und Steinbeetpflanzen umrahmen und erobern.

GEWACHSEN ODER GEFORMT?

Natursteine, also nicht von Menschen hergestellte Steine wie Ziegelsteine, Pflastersteine oder Betonplatten, sind oft eine Mischung aus verschiedensten Mineralien. Ihre Härte, Dichte und damit die Fähigkeit, Wasser aufzunehmen, ist unterschiedlich. Die meisten Natursteine werden eher nur von Moosen und Flechten bewachsen.
Im Gegensatz dazu können zum Beispiel Ziegelsteine durch ihre poröse Beschaffenheit viel Wasser aufnehmen. Pflanzen haben so viel eher die Gelegenheit, mit ihren Wurzeln Halt zu finden und sich auszubreiten. Eine Kombination aus diesen beiden Arten bietet viele Gestaltungsmöglichkeiten.

NACH ABSPRACHE Wenn Sie Steine von einer Abrissstelle holen möchten, sprechen Sie vorher mit dem Besitzer, ob und wann Sie die Steine holen dürfen. Bitten Sie Freunde um Hilfe beim Abtransport und besorgen Sie sich ein dem Gewicht der Steine angepasstes, geeignetes Transportmittel.

[a]

[a] STEIN AUF STEIN Rote Tonziegel als Beeteinfassung bieten verschiedenen Kräutern ein schönes Plätzchen. Auf zwei Ebenen kommen die Pflanzen gut zur Geltung. Große Tontöpfe, mit Lorbeer und Basilikum bepflanzt, ergänzen das Kräuterbeet.

[b] ETWAS BESONDERES Jeder Ziegel ist ein Einzelstück. Farbunterschiede, abgestoßene Ecken und Mörtelreste machen die Steine zu etwas Besonderem und geben der Einfassung ein lebendiges Aussehen.

[c] MITEINBEZOGEN Mit Mittagsblumen, Steinbrech und einigen dicken Kieselsteinen wird aus dem vorher nicht sehr ansehnlichen Wurzelstumpf ein Highlight im Staudenbeet.

[b]

[c]

ZWISCHENRÄUME

Besondere Bereiche im Garten

Sie sind in jedem Garten. Ecken und Bereiche, die sich nicht so leicht gestalten lassen. Kurze Stammstücke von gefällten Bäumen, Wurzelstümpfe, stark verwurzelter Boden oder Höhenunterschiede in Beeten erfordern ungewöhnliche Lösungen und kreative Ideen.

ÜBRIG GEBLIEBEN

Das Entfernen von Baumstümpfen ist mühsam und hinterlässt oft große, kahle Stellen. Die Natur regelt die Entfernung auf ihre Art und mit der ihr eigenen Geschwindigkeit. Lassen Sie sie für sich arbeiten und nutzen Sie den Stumpf in der Zwischenzeit als besonderes Gestaltungelement **[→c]**. Steinbeetpflanzen sind meistens sehr anspruchslos und fühlen sich auch in nicht so nährstoffreichen Böden wohl. Hauswurz, Mauerpfeffer, Blaukissen und Steinbrech eignen sich gut, auch Küchenschelle und Schleifenblumen sind anpassungsfähig. Diese Pflanzen wurzeln nicht sehr tief und lassen sich deshalb gut zwischen den Wurzelausläufern am Baumstumpf einpflanzen. Auch die durch den Vermoderungsprozess entstehenden Löcher können, mit etwas Erde aufgefüllt, bepflanzt werden. Mit einigen größeren, porösen Steinen ist Platz für Moose und Flechten geschaffen. Stehen gebliebene, kurze Baumstümpfe werden durch ein um sie herum angelegtes Beet mit rankenden Pflanzen zu einer natürlichen Kletterhilfe oder, von hohen Stauden eingerahmt, bis zur endgültigen Verrottung natürlich verdeckt.

HOCH HINAUS

In der Nähe von großen und alten Bäumen ist der Boden oft stark von Wurzeln durchzogen. Das Anlegen eines Beetes mit Stauden oder Kräutern ist nur schwer möglich. An diesen Stellen bieten sich Beete an, die einem Hochbeet ähneln. Durch Ziegelsteine, Rund- und Kanthölzer oder einen geflochtenen Zaun aus Weidenzweigen wird ein Bereich eingegrenzt und mit Erde aufgefüllt. In mehreren Ebenen gestaltet oder in eine ungewöhnliche Form eingefasst, entstehen so schöne Möglichkeiten für ein Kräuterbeet oder ein Staudenbeet **[→a]**.
Werden für den Bau mehrere Lagen Ziegel, Klinkersteine oder Bruchstein verwendet, sollten Sie sie unbedingt versetzt übereinanderlegen **[→b]**. Dieses Vorgehen erhöht die Stabilität der Einfassung. Etwas Mörtel zwischen den einzelnen Steinen steigert die Beständigkeit und verhindert zusätzlich das Verrutschen. Mit einer Mauer im Rücken besteht die Möglichkeit, Kletterhilfen oder ein Rankgerüst zu befestigen. Waldreben oder Glyzinien können dann die Mauer begrünen.

[a]

[a] NEU UND ALT Ausgetretene und von Moos bewachsene Platten erzählen von ihrer langen Liegezeit im Garten und den vielen Füßen, die über sie gelaufen sind. In Kombination mit neuen Betonplatten verlegt, wird die Patina aus Moosen und Flechten deutlich sichtbar.

[b] STEIN AUF STEIN Eine Mauer grenzt ab und ist zugleich Sichtschutz. Durch die Höhe der Mauer entscheiden Sie, was im Verborgenen bleiben soll. Viele unterschiedliche Steine oder neue und alte Steine gemischt wirken lebendig und abwechslungsreich und nehmen einer Mauer die Strenge.

[c] EIN EIGENER BEREICH Hier können sich Pflanzen ungestört ausbreiten! Niedrige Beetumrandungen aus Kopfsteinpflaster folgen jeder Form. Einfach auf die Erde gelegt, können sie nach Belieben erweitert oder verkleinert werden.

[b]

[c]

WEGE & EINFASSUNGEN

Stein an Stein

Klare Linien und Wegführungen verleihen dem Garten Übersichtlichkeit. Eine gewundene Gestaltung von Wegen und Abgrenzungen wirkt weniger geregelt und fordert auf, Entdeckungsreisen zu unternehmen.

ORDNUNG ODER KREATIVE UNORDNUNG?

Durch eine äußere Abgrenzung und eine innere Aufteilung mit Wegen und Umrandungen entsteht aus dem Garten erst ein Raum, in dem alles seinen Platz hat. Hier die Stauden, da das Gemüse und dort der Rasen. Das Material, aus dem Wege und Beeteinfassungen gestaltet werden, entscheidet über die Wirkung, die entsteht.
Von Mörtelresten befreite Ziegelsteine, Kopfsteinpflaster oder Klinkersteine wirken schon durch die Farbe und die eher ungleichmäßige Form lebhafter als eine Umrandung oder ein Weg aus Betonkantensteinen oder -platten. Neben der Materialauswahl ist auch darauf zu achten, welche Bereiche voneinander getrennt werden sollen. Eine Abtrennung zum Rasen sollte so gestaltet sein, dass der Rasen gut zu mähen ist.

EINE GROSSE AUSWAHL

Es gibt eine Vielzahl von Möglichkeiten und Materialien, um ein Beet einzufassen. Klinkersteine und Kopfsteinpflaster eignen sich für den Bau einer Beeteinfassung [→c] und auch für eine Rasenkante.

Beides ist für Selbstabholer oft kostenlos auf Bauschuttdeponien oder als Rest direkt von der Baustelle zu bekommen. Die Steine können streng geometrisch nebeneinander oder in mehreren Reihen übereinander verlegt werden. Stehend, bis zur Hälfte in die Erde eingelassen, passen sie sich jeder Kurve an.

GUT GEPLANT

Egal, ob Sie eine kleine Mauer oder einen Weg gestalten möchten, wichtig ist, vorher genau zu überlegen, wie die Beeteinfassung, die Rasenkante oder der Weg verlaufen sollen. Markieren Sie mit einem Spaten den Verlauf und setzen Sie in regelmäßigen Abständen Holzpflöcke entlang der gezogenen Linie, die Sie mit einer Schnur verbinden. Beginnen Sie nun mit dem Aufbau. Wege und Umrandungen können lose auf die Erde gelegt oder teilweise eingegraben werden. In gewissen Zeitabständen müssen sie allerdings neu verlegt werden, da sie leichter einsinken oder sich verschieben. Steine, die in ein Kiesbett gelegt werden, liegen gerade und können nicht einsacken. Ein Bett aus Beton hat einen ähnlichen Effekt. Übereinandergelegte Steine, die mit Mörtel verbunden sind können nicht verrutschen oder umfallen.

VOM DACH IN DEN GARTEN Auch mit Dachziegeln lassen sich außergewöhnliche Beetumrandungen schaffen. Teilweise in die Erde eingegraben und wie auf dem Dach ineinandergelegt, ergeben sie eine feste Begrenzung. Unterschiedlich tief in die Erde gelassen, sehen sie fast aus wie Burgzinnen.

KEINESWEGS KALT

FASZINATION BETON

Klare Linien und glatte Oberflächen bilden reizvolle Gegensätze zu farbenfrohen und üppigen Pflanzen. Auch sind wenige Materialien so leicht formbar wie Beton. Dadurch entstehen unzählige Einsatzmöglichkeiten und viel Raum für vergnügliche Experimente.

[a]

[b]

[a] IN BLAU GEHÜLLT Die Sukkulenten fühlen sich in ihrer blauen Steinschale sehr wohl. Durch ihren niedrigen Wuchs bilden sie mit der flachen Schale eine schöne Einheit. Eine zusätzliche Schicht Kies auf dem Schalenboden hält das Abzugsloch frei und schützt die Pflanzen so vor Staunässe.

[b] KLEINE GEWÄSSER Ein Miniteich im Trog an Ihrem Lieblingsort. Schwimmpflanzen, wie Wasserhyazinthe oder Wassersalat, reicht schon eine geringe Wassertiefe aus. Sumpfdotterblumen entwickeln sich auch bei wechselnden Wasserständen und eignen sich dadurch gut für die Haltung im Miniteich.

[c] WUNSCHFARBEN Pigmente in Pulverform zum Einfärben des Betons erhalten Sie im Baumarkt in verschiedenen Farben und Mengen. Je mehr Pulver Sie einrühren, desto intensiver ist der Beton gefärbt.

[c]

TRÖGE UND SCHALEN

Grau und Grün im Einklang

Beton verträgt sich gut mit sattem Grün und leuchtenden Blüten in allen Farben. Ausgefallene Gießformen und die Möglichkeit den Beton mit Pigmenten einzufärben, bieten kreative Ideen zur Herstellung von Trögen und Schalen.

HANDWERKSZEUG

Sie brauchen einen Platz, an dem Sie gut arbeiten können, an dem alle benötigten Werkzeuge und Materialien griffbereit sind und dem ein paar Betonspritzer nichts ausmachen. Zum Anrühren des Betons brauchen Sie einen Eimer und etwas zum Rühren. Eine Bohrmaschine mit einem Rührer erleichtert diese Arbeit, es geht aber natürlich auch mit Muskelkraft. Fertigbetonmischungen werden in Säcken verkauft und müssen nur noch mit Wasser gemischt werden. Wenn Sie den Beton färben möchten, mischen Sie die Pigmente mit dem Trockenbeton, erst dann fügen Sie Wasser hinzu, so wird der Beton gleichmäßig gefärbt.
Feinbeton ist gut geeignet, da seine Oberfläche nach dem Trocknen glatt ist und die Ausformung der Gussform gut wiedergibt. Als Gussform für Tröge und Schalen ergeben Kunststoffschüsseln und -wannen sehr gute Ergebnisse. Sie sind in einzelnen Größenabstufungen erhältlich und können ineinandergestellt werden. Beim Umfüllen und Glattstreichen helfen eine Maurerkelle und ein Schwamm. Außerdem benötigen Sie Speiseöl und Küchenpapier zum Ausstreichen der Gussformen. Jetzt fehlt nur noch ein Platz, an dem die gegossenen Objekte in Ruhe trocknen können. Lassen Sie dem Beton ausreichend Zeit, um abzubinden, sonst könnte Ihr Werk schon beim Lösen aus der Form Schaden nehmen.

Das Trocknen kann gerade bei großen Gefäßen bis zu einer Woche dauern. Erst wenn die Tröge und Schalen richtig trocken sind, wird mit einem Betonbohrer ein Abzugsloch in den Boden gebohrt.

ES KANN LOSGEHEN

Für eine Schale oder einen Trog **[→a und b]** ölen Sie die Außenform auf der Innenseite und die Innenform auf der Außenseite ein. Mit Küchenpapier lässt sich das Speiseöl gleichmäßig verteilen.
Durch das Ölen können die Formen nach dem Trocknen leicht voneinander gelöst werden.
Die Betonmischung darf nicht zu trocken sein, da sie sich so nur schwer gießen lässt. Zu viel Wasser macht den Beton nach dem Abbinden bröselig. Ecken und Kanten brechen leichter und das gesamte Objekt ist nicht sehr fest und kann beim Auslösen aus der Form oder beim Transport zerbrechen. Befolgen Sie besonders bei Ihren ersten Werken die Angaben zum Wasseranteil auf der Verpackung.
Füllen Sie die Außenform etwa zur Hälfte. Rütteln Sie die Form leicht, damit Luftblasen entweichen können. Drücken Sie jetzt die Innenform in den Beton und achten Sie darauf, dass der Boden nicht zu dünn wird. Damit die Innenform ihre Position behält, beschweren Sie sie mit Steinen. Streichen Sie übergelaufenen Beton ab oder füllen Sie gegebenenfalls noch etwas nach. Nach dem Glattstreichen der Oberfläche beginnt das gespannte Warten.

SCHUTZHANDSCHUHE **Tragen Sie während der Arbeit mit Beton immer Gummihandschuhe. Die Zugabe von Wasser zum Trockenbeton löst eine chemische Reaktion aus, die die Haut reizen kann.**

[c] **AUSGELEGT** Schon passend platziert, aber noch nicht richtig in den Rasen eingesetzt. Gut zu erkennen ist die Stärke der Trittsteine, die für die nötige Stabilität der einzelnen Platten sorgt.

[d] **SCHERBENGLÜCK** Diese Trittsteine sind mit farbigen Keramikscherben und Terrakottabruchstücken verziert. Jeder Stein ist anders gestaltet, aber immer mit den gleichen Materialien. Die Scherben und Bruchstücke müssen ausreichend tief in den Beton gedrückt werden, damit sie beim Darauftreten nicht zerbrechen.

[a] **FAMILIENWEG** Jedes Mitglied der Familie hat mitgeholfen und seine Hand in den feuchten Beton gedrückt, so ist ein kleiner „walk of fame“ entstanden. Wenn sich liebe Freunde anschließen möchten, steht einer Verlängerung nichts im Wege.

[b] **FÜR JEDE HAND DIE PASSENDE FORM** Die Größe der Grundform ist der Hand angepasst, sodass sich die ganze Hand gut abdrücken lässt. Als zusätzliches Element sind einige Glasnuggets, vom Besitzer der Hand ausgesucht, in den Beton gedrückt.

TRITTSTEINE & PLATTEN

Wege zum Lieblingsplatz

Trittsteine und Wegplatten selbst zu gestalten macht Spaß. Ob rund, oval oder rechteckig, ob schlicht, mit Abdruck oder mit Steinen verziert, alles ist einfach umzusetzen.

FORMENVIELFALT

Zur Herstellung eignen sich alle Gefäße mit einem flachen Boden. Eimer, ovale Farbeimer, eckige Plastikwannen oder aus Holz gebaute Rahmen für spezielle Gussformen. Wenn Sie mehrere gleichförmige Steine herstellen wollen, benötigen Sie die entsprechende Anzahl Gussformen oder Sie arbeiten die Platten einzeln hintereinander mit entsprechendem Zeitaufwand heraus.
Damit die Platten und Steine auch wirklich trittfest sind, sollten sie mindestens vier Zentimeter dick sein. Sie können zur Verstärkung (Armierung) auch ein Stück Drahtgeflecht in der passenden Größe mit einarbeiten. Untersetzer aus Silikon oder Plastik erzeugen schöne Abdrücke, auch Teile aus hartem Schaumstoff, zum Beispiel Buchstaben- oder Zahlenpuzzles aus dem Spielwarenhandel, sind geeignet. Ölen Sie das Reliefelement gut ein und platzieren Sie es an der gewünschten Stelle der ebenfalls gut geölten Gussform, gießen Sie nun vorsichtig den Beton in die Form. Sie können das Relief auch einfach in den feuchten Beton drücken. Steine, Keramikscherben oder Glasnuggets werden ebenfalls in den Beton gedrückt. Achten Sie darauf, dass die Verzierungen nicht zu weit herausragen und dass keine scharfen Kanten oder Ecken entstehen, an denen man sich später verletzen könnte.

GUT HINGELEGT

Trittsteine sind nicht nur ein wichtiges Gestaltungselement im Garten und eine Möglichkeit, sauberen Fußes zum Lieblingsplatz zu gelangen, sie dienen auch dem Naturschutz.
Im Gegensatz zu einem gepflasterten Weg versiegeln Trittsteine nur geringe Flächen und greifen nur wenig in die bestehende Struktur des Gartens ein **[→a]**. Sie können ohne eine Fixierung aus Mörtel ins Gras oder in die Erde gelegt werden.
Gehen Sie den Weg zunächst mit kleinen Schritten ab, an dem Sie den Pfad anlegen möchten. Ihre Fußabdrücke sind eine gute Orientierung für den Abstand der Platten. Ordnen Sie jedem Abdruck einen Stein zu und überprüfen Sie die Abstände erneut. Wenn die Steine die richtige Reihenfolge haben, stechen Sie mit einem Messer die Umrisse nach. Graben Sie nun entlang der Markierung ein passend tiefes Loch, füllen Sie etwas weißen Sand ein und legen Sie den Stein in das Loch. Klopfen Sie ihn mit einem Gummihammer in das Sandbett. Der Stein muss gerade liegen und darf nicht kippeln, Unebenheiten können mit Sand ausgeglichen werden. Generell sollten die Trittplatten so tief eingesetzt werden, dass sie beim Rasenmähen nicht zum Hindernis werden oder dass Stolperkanten entstehen.

AUCH EINE IDEE **Bereits gepflasterte Flächen oder Wege bekommen eine außergewöhnliche Wirkung mit integrierten Trittsteinen. Tauschen Sie einige Pflastersteine oder eine Wegplatte durch einen selbst gestalteten Stein aus, und sorgen Sie so für Abwechslung und Individualität.**

[a] IN RUHE BADEN In der Nähe von Sträuchern und Büschen aufgestellt, bietet die Tränke Mensch und Tier gute Beobachtungsmöglichkeiten. Die Tiere fühlen sich sicher, weil sie die Tränke und die Umgebung gut im Blick haben, und wir können das Treiben auf uns wirken lassen.

[b] FLEXIBEL Da die Grundformen aus Beton flach sind, sind die Tränken stabil und trotzdem nicht zu schwer, um sie zu bewegen. So können sie zum Beispiel beim Rasenmähen leicht zur Seite gestellt werden.

[c] LIEBEVOLL GESTALTET Als Gestaltungselemente eignen sich Figuren aus Metall oder Keramik. Aber auch Steine oder aus Beton gegossene Objekte bieten sich an, um die Tränke zu verschönern.

VOGELTRÄNKEN

Baden erlaubt

[c]

An warmen Tagen suchen nicht nur die Menschen nach Erfrischung, auch die Vögel suchen nach frischem Wasser und nach einer Abkühlung. Nehmen Sie sich etwas Zeit zum Beobachten und Sie werden Amseln und Meisen von einer ganz neuen Seite kennenlernen.

BADESTANDORTE

Wer im Garten eine Vogeltränke oder ein Vogelbad einrichtet, hat die Möglichkeit, Rotkehlchen, Amseln und Meisen aus nächster Nähe zu beobachten. Wichtig ist ein geeigneter Standort, damit die Vögel sich sicher fühlen und die Tränke auch besuchen. Sie benutzen das Wasser zum Trinken und um das Gefieder beim Baden von Staub und Parasiten zu reinigen.
Nach dem Bad ist ein Platz, an dem die Vögel das Gefieder trocknen lassen und es neu ordnen können, gut. Darum ist es wichtig, dass sich in der Nähe der Vogeltränke niedrige Sträucher und Gebüsche befinden, in denen sich die Vögel niederlassen können. Außerdem muss der Standort für die Tränke so gewählt werden, dass er für die Vögel von allen Seiten gut einzusehen ist, damit sich keine Katze unbeobachtet anschleichen kann.
Des Weiteren ist das Wasser in der Tränke regelmäßig zu wechseln und darauf zu achten, dass sich in der Wasserschale keine Algen bilden. Eine saubere und von Algen freie Wasserstelle werden die Vögel gerne besuchen und für eine Abkühlung nutzen.

GESTALTUNG

Neben anderen Materialien bietet sich besonders Beton für eine individuelle Gestaltung an. Größe und Form können natürlich variieren und sie kann so dem Standort optimal angepasst werden. Zum Gießen der Grundform eignen sich alle flachen Gefäße aus Kunststoff, auch Plastikschüsseln sind geeignet, wenn sie nur niedrig mit Beton gefüllt werden.
Für die eigentliche Wasserstelle wird hier eine flache Schale aus glasierter Keramik verwendet **[→a und b]**. Die Schale wird in den feuchten Beton gedrückt und mit einem Stein in Position gehalten. Die glasierte Oberfläche lässt sich leicht reinigen und es bilden sich nicht so schnell Algen. Außerdem bietet bunt glasierte Keramik die Möglichkeit, Farbtupfer zu setzen.
Ein Teil des Randes sollte frei bleiben, sodass die Vögel gut landen und trinken können. Steine und andere kleinere Elemente lassen sich direkt in den feuchten Beton drücken und sind so fest mit der Tränke verbunden.

GUT REINIGEN **Bevor Sie die Vogeltränke im Winter im Haus lagern, reinigen Sie sie gründlich mit Wasser und einer Bürste. Nachdem die Tränke komplett abgetrocknet ist, kann sie problemlos bis zur nächsten Saison überwintern.**

EINE ZWEITE CHANCE

TRÖDEL IM GARTEN

Tische, kleine Schränkchen oder alte Stühle haben eine zweite Chance verdient. Als Perspektive zum dekorativen Verstauen von Gartengeräten, als Ausstellungsfläche für Fundstücke oder für Blumen, entfalten sie ihre neuen Talente.

[a]

[b]

[c]

[a] WAS EIN WASCHTISCHCHEN AUCH KANN Unter der Abdeckplatte des antiken weißen Schränkchens verbirgt sich eine Aussparung für eine Waschschüssel, welche sogleich genutzt wurde, um einen üppigen Phlox dort heimisch zu machen.

[b] ALLES GRIFFBEREIT Von ihrem braunen Lack befreit und nur mit einem schützenden Öl behandelt, wird aus der kleinen Kommode ein Pflanztisch. Gartenhandschuhe, Bindegarn, eine Rosenschere und andere Hilfsmittel finden in der Schublade Platz und sind stets griffbereit.

[c] UMRANKT UND EROBERT In seiner neuen Funktion als Rankhilfe lässt sich der ehemalige Telefontisch gerne von Geißblatt erobern und hat eine Etage höher auch noch ein Plätzchen frei für weiße und rote Erika.

MÖBEL IN ALTEM GLANZ

Verspielt oder pur?

Kleine Kommoden, Schränke oder Tischchen können sich eine bezaubernde zweite Chance im Garten verdienen. Zum dekorativen Verstauen von Gartengeräten, als Ausstellungsfläche für Blumen oder auch einfach nur als pure Möbelstücke bieten sie einen großen Schauwert.

ORIGINALITÄT STATT PERFEKTION

Wer Freude hat an alten Möbeln mit Geschichte hat, üppige Verzierungen mag und Gemütlichkeit in seinem Gartenreich großschreibt, wird an den nächsten Seiten viel Freude haben. Nach einem Beutezug über den Flohmarkt oder einer Aufräumaktion von Dachboden und Keller findet sich oft ein einzigartiges Sammelsurium von Gegenständen zur Umgestaltung für den Garten. Aus diversen Möbeln, Möbelteilen und besonders aus Omas alten Schätzen [→a und b] lassen sich viele ausgefallene Dekorationen machen. Ob der Tisch weiter als Tisch genutzt wird oder ob aus ihm ein kleines Gewächshaus entsteht, in dem Ihre Tomaten ein geschütztes Plätzchen finden, ist Ihrem Einfallsreichtum überlassen. Auch ob Sie die Möbelstücke im Original verwenden, Teile entfernen oder hinzufügen, sie nur abschleifen oder farblich neu gestalten, ist ganz Ihrer Kreativität überlassen. Eine wetterfeste Farbe oder ein witterungsbeständiger Schutz helfen, das Möbelstück in seinem Zustand zu konservieren. Wer auf diesen Schutz zugunsten einer Patina verzichten möchte, kann die Geschichte der Möbelstücke durch ihre Zeit im Garten erweitern.

ZUSÄTZLICHER PLATZ

Nicht nur zwischen den Blumen, sondern auch auf der Terrasse kann ein Tisch, eine Kommode oder ein Schrank gute Dienste leisten [→c]. Ein alter Tisch in der Lieblingsfarbe angestrichen, bietet als Beistelltisch zusätzliche Abstellfläche. In einem Schrank oder einer Kommode ist Platz für eine Rosenschere, ein scharfes Messer und Bindegarn. Um Blumen für die Vase oder einen Strauß zu schneiden, ist dann alles griffbereit. Auch Tontöpfe, Pflanzschalen, Blumenerde und kleine Gartengeräte liegen bereit, um Pflanzen umzutopfen oder einzupflanzen. Hinter Schranktüren und in Schubladen verschwinden Sitzkissen und Tischdecken. Teller, Tassen und Besteck sind gut verstaut, um Früchte und Gemüse direkt im Garten genießen zu können.

DER ALTE LACK SOLL AB Um alte Möbel von Lack zu befreien, gibt es zwei Möglichkeiten: Der Lack kann abgeschliffen oder mit einem Abbeizer gelöst und dann abgewaschen werden. Schleifen ist aufwendiger, aber wesentlich umweltfreundlicher als ein Mittel zum Abbeizen. Beim Abbeizen muss das Lack-Wasser-Gemisch aufgefangen und fachgerecht entsorgt werden. Viele Antiquitätenhändler bieten auch die Möglichkeit an, Möbel fachgerecht „waschen“ zu lassen.

[a]

[b]

[c]

[a] IN NEUER POSITION Nur eine Befestigungsmöglichkeit muss noch angebracht werden und die Schublade kann zum Beispiel auf der Terrasse oder am Gartenhaus Blumen aus dem Garten oder Ihr Buch und ein kühles Getränk für Sie aufbewahren.

[b] VOM SCHLAFZIMMER IN DEN GARTEN Von gelbem Sonnenhut eingerahmt, ist das aufwendig gestaltete Kopfteil des Bettes ein schöner Blickfang. Ein Pflasterstein, unter der Ablage versteckt, verhindert, dass das Holz direkt auf der Erde steht und durch Feuchtigkeit beschädigt wird.

[c] SPIEGLEIN, SPIEGLEIN Die schönsten Gewächse oder Bereiche im Garten gleich in doppelter Ausführung. Mit einem Spiegel, schön eingerahmt durch einen alten Bilderrahmen oder hinter einem Fensterrahmen mit Läden versteckt, lassen sich ganz besondere Eindrücke schaffen.

[d] ZUM PRÄSENTIEREN GENAU RICHTIG Zum Sitzen nicht mehr stabil genug, aber mit hängenden Petunien und Geranien in unterschiedlich großen Töpfen dekoriert, ist der alte Gartenstuhl im Staudenbeet oder unter Bäumen ein Blickfang.

MÖBELTEILE
neu aufgelegt

Einzelne Teile von alten Möbeln oder Kombinationen aus mehreren Einzelteilen eröffnen eine Vielzahl von Gestaltungsmöglichkeiten. Oft reichen eine kleine Veränderung oder eine ungewöhnliche Zusammenstellung aus, um nicht alltägliche Ideen zu entwickeln.

[d]

DAS SCHÖNSTE BLEIBT

Manchmal sind es die Kleinigkeiten, die uns an alten Möbeln besonders gefallen oder an denen das Herz hängt. Eine ausgefallene Schnitzerei, schön geschwungene Griffe von Schubladen, der feine Schliff des Glases in einer Schranktür oder die gedrechselten Stuhlbeine fangen unseren Blick ein. Oft kann man aus diesen Möbelteilen oder den abgebauten Verzierungen und Beschlägen und einer Kombination oder Ergänzung durch andere Teile etwas Neues schaffen. Besonders schöne Beschläge machen sich gut an schlichten Schubladen [→a] und Hakenleisten. Auf der Terrasse oder am Gartenhaus schaffen sie Stauraum und werden zu nützlichen Helfern.
Aufgesetzte Schnitzereien und Verzierungen machen aus einem schlichten Holzrahmen ein ausgefallenes Stück, in das zum Beispiel ein Spiegel gesetzt wird. Schranktüren mit schön geschliffenem Glas oder aufwendigen Schnitzereien verwandeln sich mit einem zusätzlichen Brett in ausgefallene Borde. Aus dem reich mit Verzierungen und Schnitzereien versehenen Kopfteil eines Bettes [→b] wird eine Lehne für die Gartenbank oder eine Abtrennung zwischen Beeten. Der alte Gartenstuhl, der so bequem war, kann unser Gewicht nicht mehr tragen und zusammenklappen lässt er sich auch nicht mehr. Aber mit verschiedenen Sommerblumen, die ausgeleierte Scharniere und unschöne Stellen verdecken, hat er weiter eine tragende Rolle auf dem Rasen oder im Staudenbeet [→d].

SPIEGELNDE EINDRÜCKE

Ein Spiegel im Garten, an der richtigen Stelle platziert, schafft ungewöhnliche Perspektiven [→c]. Ein alter Bilderrahmen aus aufwendig gefrästen Leisten, eine Schranktür, aus der das Glas entfernt wurde, oder ein Fensterrahmen, vielleicht sogar mit Läden, sind die idealen Einfassungen für einen Spiegel.
Der Spiegel wird von hinten in den Rahmen des Bildes oder in die Schranktür eingelegt und mit schmalen Leisten gesichert. Je nach Beschaffenheit des Fensterrahmens kann der Spiegel von hinten eingesetzt oder mit einem zweiten Rahmen aus Leisten auf den bestehenden Rahmen aufgesetzt werden. Spiegel in vielen Größen erhalten Sie in Möbelgeschäften oder Sie lassen sich diese beim Glaser in der passenden Größe zuschneiden.

[a]

[a] HÄNGENDE BLUMENVASEN Die alte Hutablage mit Garderobenhaken ist vom Trödelmarkt. Nach einer gründlichen Reinigung und dem Entfernen von Lackresten wurde sie nur geölt. Unterschiedliche Glaskolben aus dem Chemiebereich, auch vom Trödelmarkt, vervollständigen das Bord.

[b]

[b] AUFGEPEPPT Die roten Porzellanknöpfe geben dem eher schlichten Küchenbord Schwung. Die Ablage bietet Platz für lieb gewonnenen Trödel oder Fundstücke aus dem Garten. Porzellanknöpfe in den unterschiedlichsten Formen mit pfiffigen Farben und Mustern sind im Baumarkt oder Möbelhaus erhältlich.

[c] VON DER TÜR ZUM REGAL Eine Wohnzimmerschranktür in neuem Glanz. Damit Glas und Ornament gut zur Geltung kommen, wurde alles nur gut gereinigt und auf weitere Schmuckelemente verzichtet. Die Ablage wurde aus einem Einlegeboden desselben Schrankes geschnitten und mit Schrauben von hinten an der Tür befestigt.

[c]

BORDE UND REGALE

Charmant aufgehängt

Selbst gebaute Borde und Hakenleisten, zum Beispiel aus alten Schubladen und Schranktüren, bieten nicht nur genügend Platz für besondere Fundstücke im Garten, sie sind im Gegensatz zu handelsüblichen Regalen und Halterungen auch noch viel charmanter.

ZUSAMMENGESTELLT

Bestimmt lagern auf Ihrem Dachboden oder im Keller Dinge, die gut in eine Hakenleiste mit und ohne Ablagefläche umgewandelt werden können. Hutablagen **[→a]**, Garderobenborde oder die Türen und Schubladen von Omas Schränkchen sind gut geeignet und lassen sich mit etwas Farbe und ausgefallenen Griffen oder Haken in echte Schmuckstücke verwandeln. Oft genügen schon eine gründliche Reinigung mit einer weichen Bürste, ein Mittel zur Auffrischung der Oberfläche, zum Beispiel Renuwell®, und die Befestigung oder das Ersetzen von losen oder verloren gegangenen Schrauben. Durch das Anbringen eines Brettes in passender Farbe und Länge lassen sich auch einfache Hakenleisten in ansehnliche Borde umbauen. Wer lieber ein schlichtes Exemplar bevorzugt, befreit das Fundstück von Lackresten oder Beize und schützt es nur durch eine farblose Lasur. Vor dem Auftragen neuer Farbe müssen alte Farbreste entfernt werden. Mit farblich abgestimmten Haken oder Griffen aus Metall, Porzellan, Glas oder Kunststoff erhalten das Bord oder die Hakenleiste den letzten Schliff **[→b]**.

AM HAKEN

Neben Arbeitsgeräten oder Dingen, die auf der Terrasse oder dem Balkon genutzt werden, eignen sich auch ungewöhnliche Gegenstände aus unterschiedlichen Materialien, um am Haken zu hängen. Glaskolben, Maschinenteile oder Gefäße aus Kunststoff oder Keramik wirken, mit Draht oder einer Kordel am Haken befestigt, extravagant. Gefäße für Blumen oder bepflanzte Töpfe werden so angebracht, dass das Wasser nicht herausfließt und die Blumenerde nicht herausfällt. Arbeitsgeräte ohne Aufhängung bekommen ein Loch in den Griff und eine feste Schnur als Aufhänger.

LAGERPLÄTZE

Wenn sich auf dem Trödelmarkt oder Dachboden kein passendes Bord oder Regal finden lässt, wird mit einem zusätzlichen Brett aus einer Hakenleiste schnell ein dekoratives Bord. Mit alten Brettern kann die Lagerfläche beliebig erweitert werden. Natürlich wirkt auch eine Kombination von alten und neuen Materialien reizvoll. Die Aufhängung muss gut mit dem Bord befestigt sein und die Lagerfläche sollte ausreichend stabil am Bord angebaut sein **[→c]**, sodass sie nicht abknickt, wenn zum Beispiel Blumentöpfe oder Steine auf dem Bord gelagert werden.

GRIFFBEREIT UND SICHER **Gartenwerkzeuge, aber auch Gegenstände aus allen Jahreszeiten finden mit einer hübschen Schleife oder dicken Kordel versehen einen Platz am Haken. Bei allen Objekten, die auf dem Bord lagern, ist darauf zu achten, dass sie nicht zu weit über das Bord ragen. Die Gefahr, dass die Dinge herunterfallen oder im Vorbeigehen mitgerissen werden, ist zu groß.**

[a]

[b]

[a] KUNST IM BLUMENBEET Nach getaner Arbeit verschwinden sie nicht bis zum nächsten Gebrauch im Geräteschuppen. Erbsen- und Bohnenpflanzer wirken fast wie eine futuristische Skulptur im lilafarbenen Blütenmeer. Unauffällig rahmen sie hohen Stauden ein und bieten Halt und Unterstützung.

[b] STILLLEBEN MIT HARKE Nach vielen Jahren, in denen die Holzharke treue Dienste geleistet und die Erde geglättet hat, ist endlich Zeit, sich auszuruhen. Von wildem Wein umrankt, bekommt sie wohlverdient den besten Platz in der Sonne.

[c]

[c] BLUMEN STATT WEIN Es müssen nicht immer Pflanztröge aus Keramik sein, in denen sich Sommerblumen wohlfühlen. Die Transportkisten Ihres Lieblingsweins übernehmen diese Aufgabe gern und durch ihre leichte Transportfähigkeit stehen sie immer genau da, wo es am schönsten ist.

[d] GARTENKRÄUTER ZUM MITNEHMEN Das Besondere an diesem Nähkästchen ist die Farbe. Kräuter wie Rosmarin und Thymian heben mit ihrem dunklen Laub das leuchtende Rot noch hervor. Ob beim Grillfest auf der Terrasse oder als Deko im Beet macht ein solches Arrangement immer Eindruck.

[e] ALTES BLECH Es müssen nicht immer Töpfe sein, in denen sich Blumen wohlfühlen und gut gedeihen. Eine schön gestaltete alte Blechdose mit einer Kiesschicht am Boden oder Wasserlöchern übernimmt diese Aufgabe gern.

[d]

GARTENGERÄTE & CO.

Altes mit neuer Aufgabe

[e]

Überlegen Sie gut, bevor Sie Harke, Schuffel, Spaten oder auch den alten Nähkasten aus dem Dienst entlassen und in den Müll werfen. Denn an einem ausgewählten Platz und mit ein wenig Zweckentfremdung entstehen aus diesen Dingen originelle Kunstwerke für den Garten.

NACH GETANER ARBEIT

Der Holzharke fehlen Zinken, die Spitzen von Rechen und Laubbesen sind verbogen, die Gießkanne aus Metall ist undicht und die Schaufel verbeult. Für die Arbeit im Garten sind sie nicht mehr gut zu gebrauchen, aber ihr Platz kann weiter im Garten sein. Als Rankhilfe, Pflanzstab und Pflanzgefäß oder einfach als aufsehenerregendes Dekorationselement **[→a und b]**. Verschiedene Harken, mit dem Stiel in unterschiedlicher Höhe in die Erde eingelassen, sind ein ungewöhnlicher Halt für hohe Stauden wie Eisen- oder Fingerhut, aber auch Rankpflanzen wie Waldreben erklimmen die Geräte schnell und bilden im Zusammenspiel eigenwillige Skulpturen. Gießkannen und Eimer aus Metall oder eine Schubkarre gewähren Frühlingsblühern oder Sommerblumen genügend Platz in ungewöhnlicher Umgebung. Mehrere Schaufeln und Spaten, in einer Reihe aufgestellt, bilden eine Abgrenzung zum Hof oder rahmen den Lieblingsplatz ein.

KÖRBE UND KISTEN

Weidenkörbe, Weinkisten und auch ein Handarbeitskasten sind außergewöhnliche Gefäße für Kräuter oder Blumen **[→c und d]**. Mit Seilen oder Ketten, die an den Griffen verknotet werden, machen Körbe, Kisten und Eimer Karriere als Hängetopf. Zarte Blumen oder kleine Topfrosen bilden zu den rustikalen „Töpfen" einen schönen Gegensatz.

Mit Drahtkörben lassen sich eindrucksvolle Blumenarrangements oder Hingucker im Kräuterbeet schaffen. Der Korb wird dazu in der gewünschten Position leicht in die Erde gedrückt, eine oder mehrere niedrige Pflanzen werden hineingesetzt und die Wurzelballen mit Erde abgedeckt. Durch die Löcher des Korbes können die Wurzeln in die Erde dringen und sich fest verwurzeln. Der Korb wird dadurch in der Erde festgehalten, Pflanze und Korb bilden eine Einheit. Bis der Korb richtig durch die Pflanzen gehalten wird, sollte er mit Bambusstäben oder kleinen Ästen abgestützt und in Position gehalten werden.

AUF STABILITÄT ACHTEN **Bei den Gartengeräten sollten Sie aufpassen, dass Stiel und Arbeitsgerät, wie Schaufelblatt oder Harkenzinken, fest miteinander verbunden sind. Lockere Metallteile könnten sich sonst lösen und herunterfallen. Wenn Sie zusätzlich den Teil des Stiels, der in der Erde steckt, einölen oder lackieren, ist das Holz vor Feuchtigkeit geschützt und hält länger.**

JETZT WIRD'S FESTLICH

GARTENPARTYS

Draußen feiern und lachen, gemeinsam essen, die Sonne genießen oder Sterne zählen, macht mit Freunden doppeltes Vergnügen. Man merkt: Gerade im Sommer ist es besonders schön, den Garten gemeinsam zu genießen und ihn zu diesen Anlässen auch zu dekorieren.

[a] EINZELN AUFGEHÄNGT An einer Leine, extra gespannt, um die schönsten Pflanzen aus dem Garten zu zeigen, sind Blüten Beeren und Blätter hübsch mit Wäscheklammern aufgehängt. Diese Blumengirlande lässt sich quasi überall aufhängen. Die Holzklammern sorgen dabei für einen guten Halt, ohne die Pflanzenstiele zu zerquetschen.

[b] EINE RUNDE SACHE Kränze sind individuelle Stimmungsmacher mit Tradition. Auf diesem Strohkranz sind Maisblätter in Szene gesetzt. Frisch gepflückt, lassen sich die Maisblätter noch leicht verarbeiten. Sie können gedreht, gefaltet und um den Kranz gewickelt werden, ohne dass sie brechen.

[c] VON BLÜTEN UMRUNDET Blütenkugeln sind wahre Eyecatcher. Unterschiedlich große Steckkugeln aus Schaummaterial werden mit einer festen Schnur zum Aufhängen versehen und durchdringend gewässert. Die einzelnen Blüten, zum Beispiel von Chrysanthemen, einfach auf der gesamten Kugel verteilen.

[d] SPEISEKARTE MAL ANDERS Überraschen Sie Ihre Gäste mit einer ungewöhnlichen Tischdekoration. Im Gemüsestrauß verbirgt sich ein Hinweis auf die zu erwartenden Speisen. Mit Draht umwickelt, lassen sich die einzelnen Gemüse problemlos zu einem Strauß binden. Kräuter, Blumen und Grün lockern das Ensemble auf.

BLÜTENANSICHTEN *von ihrer besten Seite*

Sträuße, Kränze und Blütenkugeln sind eine schöne Möglichkeit, die Fülle und die Farbenpracht des Sommers einzufangen. Wo könnten sie sich besser präsentieren als auf einem Fest im Garten?

PRÄCHTIG SOLL ES SEIN

Eine Blumengirlande wirkt besonders lebhaft, wenn darin alles verarbeitet wird, was der Garten an Fülle hergibt, aber auch nur mit Blättern oder kleinen Zweigen bestückt, hat eine Girlande natürlich ihren Reiz. Spannen Sie eine Jute- oder Sisalschnur und hängen Blüten, Beeren und Blätter mit Holzwäscheklammern daran auf **[→a]**. Rundkopfklammern, auch Sturmklammern genannt, eignen sich besser als herkömmliche Holzklammern. Da sie die Stiele der Pflanzen nicht zusammenquetschen, sondern nur über Leine und Pflanzenstängel geschoben werden, halten die ausgesuchten Schätze etwas länger.

Blütenkugeln, an einem schattigen Platz aufgehängt, halten sich über mehrere Tage und verbreiten so auch nach der Feier noch lange Freude **[→c]**. Für die Aufhängung wird die Kugel mit einer Stricknadel durchbohrt und eine Schnur durch das Loch geführt. Ein Nagel am unteren Ende verhindert, dass die Schnur durchrutschen kann. Die verwendeten Blüten sollten frisch und die Stängel noch fest sein. Sie lassen sich dann leichter kürzen und in die zuvor durchdringend gewässerten Steckkugeln aus Schaummaterial stecken.

GUT GEWICKELT

Ein üppiger Gemüsestrauß mitten auf dem Tisch platziert, ersetzt die Speisekarte, da er den Gästen mitteilen kann, welche Leckereien sie auf dem Fest erwarten **[→d]**. Um Gemüse in einen Strauß zu binden, muss es gut vorbereitet werden, damit es später noch zum Verzehr geeignet ist und nicht zu faulen beginnt. Bei Paprika, Möhren und Radieschen wird der Steckdraht am Stiel oder am Krautansatz befestigt. Lauchzwiebeln, Porree oder Rettich werden zunächst mit Bast und dann mit Draht umwickelt, um tiefe Schnittstellen zu vermeiden. Generell sollten Bast und Draht nur so fest gewickelt werden, dass sie das Gemüse gut halten, aber nicht eindrücken.

Mit Maisblättern, die frisch sehr gut formbar sind, lassen sich aparte Kränze gestalten **[→b]**. Zum Falten wird nur der obere Teil des Blattes verwendet, da die mittlere Blattader an dieser Stelle dünner und biegsamer ist. Einmal in Form gebracht, halten die Blätter lange, nur die hellgrüne Farbe wechselt mit der Zeit ins Graugrüne. Als zusätzlicher Schmuck bieten sich Blüten oder Früchte in leuchtenden Farben an.

BUNTES WASSER Einen farbenfrohen Eindruck vermittelt eingefärbtes Blumenwasser in hohen Gläsern und Flaschen mit einer einzelnen Blüte. Das Farbpulver Flora Color, von Brauns-Heitmann zum Beispiel, wird einfach ins Wasser gegeben und von den Blumen bestens vertragen. Sie können das Blumenwasser auch mit Krepppapier, dessen Farbstoffe wasserlöslich sind, färben. Siehe auch Seite 122 Eisdeko.

[a] GEMÜTLICHES ESSEN UND TRINKEN Die einfache Bierzeltgarnitur wird durch die Bemalung mit Weinranken und Trauben zum ausgefallenen Designer-Stück. Farblich abgestimmte Servietten und Geschirr vervollständigen das Bild.

[b] ZUM ZUSAMMENRÜCKEN Eine einfache Holzbank, mehr braucht es gar nicht. Vielleicht noch ein paar dicke Sitzkissen dazu und man lässt sich gerne nieder. Wer dicht zusammenrücken möchte, um gemeinsam zu beobachten oder ein Gespräch zu führen, sitzt hier genau richtig.

[c] PAPPE UND HOLZ In diesen Tonnen aus Pappe wurden Rohstoffe für die Industrie verpackt. Der Plastikdeckel wurde durch einen Holzdeckel ersetzt und die Tonne farbig gestaltet. Der Hocker bietet nicht nur eine Sitzgelegenheit, sondern auch viel Stauraum in seinem Inneren.

TISCHE, HOCKER & BÄNKE

Ein Platz für jeden

Zu einem gelungenen Fest gehören nicht nur gutes Essen und eine ausgefallene Dekoration, auch verschiedene Sitzgelegenheiten zum Ausruhen nach dem Tanz, zum Essen oder für ein nettes Gespräch dürfen nicht fehlen.

WO MAN SICH NIEDERLÄSST ...

Eine Bierzeltgarnitur bietet viel Platz zum Essen und gemütlichem Zusammensitzen. Ein weiterer Pluspunkt ist, dass sie nach dem Gebrauch schnell und platzsparend zu verstauen ist. Durch ihre Bauweise ist sie stabil und steht auch auf dem Rasen fest. Sitzhocker sind immer genau da, wo sie gebraucht werden. Sie sind leicht zu transportieren und sprechen dadurch vor allem die jüngeren Gäste an. In der Industrie werden Rohstoffe oft in stabilen, vielseitig zu verwendenden Tonnen oder Kisten aus Pappe, Kunststoff oder Holz verpackt **[→c]**. In der Regel sind diese Verpackungen Abfall und für wenig Geld zu haben. Daraus lassen sich individuelle Sitzmöbel gestalten.
Bänke in den unterschiedlichsten Arten sind eine unkomplizierte Sitzgelegenheit, um näher zusammenzurücken und sich in ein Gespräch zu vertiefen oder den Blick schweifen zu lassen und das Treiben zu beobachten.

DESIGNER-STÜCKE NACH WUNSCH

Holzbänke und -tische, Bierzeltgarnituren und Hockerunterteile aus Pappe lassen sich mit Farbe einfach und schnell in Schmuckstücke verwandeln. Zum Bemalen eignen sich Acryl- oder Abtönfarben. Damit die Farben schöner leuchten beziehungsweise besser haften, sollten die Holzflächen vor dem Bemalen mit Schleifpapier mit einer Körnung von 80 oder 100 angeschliffen und die Pappe mit weißer Farbe grundiert werden. Eine Schablone aus fester Pappe erleichtert das Malen von wiederkehrenden Motiven. Dazu das Motiv auf die Pappe übertragen und mit einem Cuttermesser ausschneiden. Die Schablone wird an der gewünschten Stelle mit Kreppband oder Klebestreifen befestigt und farblich gestaltet. Dabei wird die Fläche in der Schablone nicht ausgemalt, sondern mit einem dicken, runden Pinsel ausgetupft. Die Konturen werden durch diese Methode sehr sauber und auch das Mischen von Farben ist leichter. Dazu wird der Pinsel einfach in die neue Farbe getupft und an den gewünschten Stellen auf das Motiv gebracht **[→b]**.
Streifen und Linien kann man gut mit einer Schaumstoffwalze, die auf die gewünschte Breite zugeschnitten wird, rollen. Ein Kantholz, an dem die Walze entlanggeführt wird, erleichtert das Rollen von geraden, gleichmäßigen Streifen.
Ausgefallene Effekte lassen sich auch mit Sprühlack erzielen. Durch Veränderung der Sprühdauer und der Entfernung zum Objekt ist die Farbe unterschiedlich intensiv. Bei mehreren Farben ergeben sich besonders schöne Muster.
Nach dem Trocknen wird die gesamte Fläche, auch die nicht gestaltete Fläche, mit einem Sprühklarlack fixiert. So bleibt Ihr Kunstwerk länger schön und ist leicht zu reinigen.

[a]

[a] FAST WIE AM MEER Sanft schaukeln die kleinen Holzboote zwischen den Zweigen im Sommerwind. Das Rascheln der Blätter im Wind ist fast wie die Brandung dazu. Segel und Rumpf sind aus unterschiedlichen Hölzern gearbeitet und mit farbigen Bändern zum Aufhängen versehen.

[b] AUF GROSSER FAHRT Eine mit Wasser gefüllte Zinkwanne, Stöcke für das Floß und den Mast, fester Stoff für das Segel und Schnur, um alles miteinander zu verbinden – mehr ist nicht nötig, um in See zu stechen. Besonders Kinder werden an dieser Dekoration viel Freude haben.

[c] EINZELN ODER IM SCHWARM In einem Meer aus Seide, das in sanften Wellen über den Tisch fließt, tummeln sich aus Astscheiben einfach zusammengesetzte Fische. Manche wagen es sogar, zwischen Tellern und Tassen zu schwimmen und unterm Tellerrand eine Pause zu machen.

[b]

[c]

BOOTE, FISCHE & MEHR

Gartenfest voraus!

Der letzte Urlaub am Meer ist vielleicht schon eine Weile her. Da ist ein Fest eine gute Gelegenheit, das Urlaubsfeeling wieder aufleben zu lassen. Holen Sie sich diese Stimmung in den Garten – mit Farben und maritimen Dekorationen, die an Wind, Wasser und den Strand erinnern.

URLAUBSFEELING IM GARTEN

Warum nicht ein maritimes Fest ausrichten, das an Sonne und Meer denken lässt? Aus Resten verschiedener Holzarten und Astscheiben lassen sich einfache Fische und Boote gestalten. Zeichnen Sie den Rumpf und das Segel der Boote frei Hand auf die Holzreste und kombinieren Sie zwei unterschiedliche Holzarten. Ein Holzdübel oder ein Stück Rundholz verbindet Segel und Rumpf miteinander. Mit einem Satinband aufgehängt, finden die hübschen Boote fast überall einen Platz [→a]. Bei den Fischen bildet eine ganze Astscheibe den Körper und eine in der Mitte geteilte Scheibe die Schwanzflosse. Auch diese beiden Teile werden mit einem Dübel oder Rundholz verbunden. Für den Mund sägen Sie eine kleine Kerbe in den Körper, nicht ganz durchgebohrte Löcher auf beiden Seiten bilden die Augen. Lassen Sie die Fische auf dem Tisch in kleinen Gruppen schwimmen [→c] oder verwenden Sie sie als Beschwerer für Namensschilder oder Speisekarten. Bänder in Wasserfarben, Tücher aus feiner Gaze oder fließender Seide, Kieselsteine, Muscheln, Treibholz, Federn und Sand vervollständigen die Dekoration.

SEGEL SETZEN UND SCHIFF AHOI!

Eine Zinkwanne mit Wasser gefüllt, lädt die Kleinsten dazu ein, ein Floß oder Papierschiffchen zu Wasser zu lassen [→b]. Man braucht einige gerade Hasel- oder Weidenäste, Bindegarn und ein Stück festen Stoff. Legen Sie ausreichend Material und Werkzeuge bereit und fordern Sie Ihre kleinen und großen Gäste auf, Schiffsbauer zu werden.

NOCH EINE IDEE

Heute werden das Essen und die Getränke nicht an einer festlich gedeckten Tafel serviert, sondern wie am Strand am Kiosk bestellt, der im Gartenhaus aufgebaut ist. Jeder Gast kann zwischen mehreren Snacks wählen und den Nachtisch gibt es an der Eisbude am Blumenbeet. Das Angebot an Speisen und Getränken wird auf bunt gestalteten Plakaten verkündet. Blaues Geschirr, passende Servietten und eine Muschel am Tellerrand verbreiten zusätzlich gute Laune. Von leichten und fließenden Stoffen umhüllt, zeigen sich auch Stehtische und Bänke im maritimen Chic. Ein dickes Seil, um den Fuß des Tisches gewickelt, verhindert, dass die Stoffe verrutschen.

[a] HÖLZERNE FRÜCHTCHEN Die Tomaten sind aus weichem Kiefernholz. Die runde Form lässt sich aus dieser Holzart leicht herausarbeiten. Mit einer Säge oder Raspel wird die grobe Form gestaltet. Schleifpapier übernimmt die Feinarbeiten.

[b] SELBSTBEDIENUNG In diesem Besteckständer aus Ahornholz haben Messer, Gabeln, Löffel und Servietten einen standfesten Platz. Wenn nur zwei Gläser mit Besteck gefüllt sind, ist noch Platz für einen kleinen Blumenstrauß. Auch Knabbereien oder verschiedene Dips mit Gebäckstangen lassen sich in den Gläsern des Halters servieren.

[c] IN SCHÖNER EINTRACHT Gelbe, grüne und rote Tomaten zusammen mit den Früchten aus Holz, unterstützt von Trieben und Blättern der Tomatenpflanze, schmücken den Tisch. Weißes Geschirr und eine weiße Tischdecke mit passenden Servietten wirken edel und lassen die Farben leuchten.

[d] LECKERE FARBEN Rote Holzbeize und eine schützende Klarlackschicht ergeben die leuchtende, zum Anbeißen schöne und glänzende Oberfläche der Früchte. Die Blüte ist aus dickem, dunkelgrünem Filz geschnitten und mit einer brünierten Schraube befestigt.

ALLERLEI TOMATEN

Festliches rund um die Tomate

[d]

Was gibt es Schöneres, als an einem lauen Sommerabend mit Freunden im Garten zu feiern. Neben einem leckeren Essen sind auch in der kleinsten Runde ausgefallene Dekorationen gefragt, denn sie sorgen für eine heitere Stimmung.

SIE LEBE HOCH

Wie wäre es mit einem Sommerfest zu Ehren der Tomate, mit vielen leckeren Gerichten, bei denen sie die Hauptrolle spielt? Ein reichhaltiges Buffet, dekoriert mit echten Tomaten in verschiedenen Farben und lustigen Holztomaten [→a] lässt ihre Vielfalt richtig zur Geltung kommen. Mit weißen oder cremefarbenen Tischdecken, Tüchern und Servietten wirken die Farben der Tomaten besonders frisch.

GUT GEHALTEN

Für das Buffet ist alles vorbereitet, alle Speisen sind appetitlich arrangiert. Bleibt nur eine Frage, wohin mit dem Besteck? In dem Bestecksständer aus dickem Ahornholz werden drei Gläser fest gehalten, sodass sie nicht kippen können [→b]. Durch die offenen Seiten wirkt er luftig trotz des dicken Holzes. Die oberen Enden des Holzgestells lassen sich leicht greifen, um ihn sicher an der richtigen Stelle aufzustellen. Die Halterungen für die Gläser sind auf eine durchgehende Bodenplatte gedübelt und zusätzlich verleimt, sodass der Ständer auch voll beladen stabil und transportfähig ist. Zwischen die Halterungen lassen sich Servietten stecken und für einen kleinen Blumenstrauß oder Trinkhalme ist Platz, wenn nur zwei der Gläser mit Besteck gefüllt sind. Ob beim Grillfest, am Buffet oder bei der Kuchentafel, der Halter findet überall Verwendung. Nicht nur Messer und Gabel fühlen sich gut gehalten, verschiedene Dips und Knabberstangen lassen sich ebenfalls stilvoll darin servieren. Zum Befüllen und Reinigen sind die Gläser leicht zu entnehmen.

ZUM ANBEISSEN SCHÖN

Durch Sägen und Schleifen wird aus einem rechteckigen Klotz die Form der Tomate herausgearbeitet. Für den Blütenansatz wird mit einem Holzsenker eine Vertiefung gebohrt. Rote wasserlösliche Beize, zum Selbstanrühren, ergibt eine leuchtende Farbe, die wie eine Lasur die Maserung des Holzes noch durchscheinen lässt. Klarlack schützt die Tomaten, so dass sie jede Party gut überstehen.
Auf dem festlich gedeckten Tisch dekorieren sie mit der Serviette das Gedeck oder sie beschweren die Platzkarte. Am Buffet halten sie die Karten mit den Namen der einzelnen Speisen oder die Speisekarte. Eine Gruppe von drei bis fünf Früchten macht als schlichte Dekoration auf der Tafel und auch am Buffet einen besonderen Eindruck.

SCHNITZEN STATT SÄGEN UND SCHLEIFEN Für die Tomaten kann auch Balsaholz, welches gern im Modellflugzeugbau verwendet wird, zum Einsatz kommen. Balsa wird in vielen Gebieten der Tropen angebaut und ist ein extrem leichtes Holz. Es ist mit einem scharfen Messer sehr einfach zu bearbeiten.

SEHEN, HÖREN UND FÜHLEN

AUSZEITEN TUN GUT

Mitten zwischen Pflanzen liegen oder sitzen, das Gras wachsen hören und neue Pflänzchen „aus der Erde gucken“ – das ist Entspannung. Inmitten von Beeten oder an einem lauschigen Platz, bieten sich ganz besondere Gelegenheiten für den Urlaub zwischendurch.

[a] SANFT GESCHAUKELT Wer zwei geeignete Bäume hat, benötigt nur passende Gurte und Haken, um die Hängematte dazwischen aufzuhängen. Begleitet vom Rauschen der Blätter und dem Lichtspiel der Sonne zwischen den Zweigen, entsteht so ein perfekter Platz zum Nachdenken oder Ausruhen und Faulenzen.

[b] ANLEHNEN UND ABSCHALTEN Von Tannenzweigen beschattet und vom Tannenduft umgeben, bietet dieser Platz Entspannung für alle Sinne. Die Geräusche der Umgebung, wie vorbeifahrende Autos oder Stimmen, treten in den Hintergrund und man kann in Ruhe dem Zwitschern der Vögel lauschen und die Gerüche der Blumen und Bäume wahrnehmen.

[b]

RUHEPLÄTZE

Die Seele baumeln lassen

Ausruhen und auftanken kann man an vielen Orten, mal ist ein einsamer Platz richtig, um sich ohne störende Einflüsse zu erholen. Manchmal ist es auch sehr entspannend, das muntere Treiben von Kindern oder Familie aus gewisser Entfernung zu beobachten.

AM HAUS ODER ANDERSWO

Ein Ruheplatz auf der Terrasse, direkt am Haus, bietet viele Vorteile. Die Nähe zum Haus, der schnelle Zugang zu Speisen und Getränken oder zum Bücherregal ist praktisch. Manchmal möchte man lieber Abstand halten zum Trubel im und am Haus, dann ist ein Platz an einer lauschigen, etwas abgelegenen Stelle genau der richtige. Mit einem bequemen Korbsessel für den Garten, der immer genau da ist, wo es uns hinzieht, hat man eine praktische Lösung. Aber auch feste Plätze haben ihren Reiz. Mit einer Bank oder einer Hängematte schafft man Ruheorte auf Dauer **[→a und b]**. Entscheidet man sich für einen solchen Ruheplatz, sollte man überlegen, ob nicht auch ein fester Bodenbelag angelegt werden soll.

GUT AUSGESTATTET

Ein paar bunte Kissen und eine leichte Decke wirken nicht nur dekorativ, sie ermöglichen es auch die Ruheplätze zu nutzen, wenn es schon etwas kühler ist. Von einer Liege oder einer Hängematte aus den Abendhimmel zu betrachten, ist besonders schön, wenn man sich gut einkuscheln kann. Mit einem Sitzkissen ist der Platz auf der Bank oder im Stuhl gleich noch mal so bequem.
Alle Kissen, Sitzkissen und Decken sollten aus strapazierfähigen und leicht zu waschenden Materialien sein. Im Fachhandel finden Sie ein breit gefächertes Angebot von fertigen Polstern. Wenn Sie Decken und Kissen lieber selbst nähen möchten, finden Sie in Stoffmärkten eine Auswahl von Schaumstoffen und verschiedene Stoffe und Zubehör, um Ihre eigenen Vorstellungen zu verwirklichen.
Außerdem ist ein kleiner Beistelltisch für Getränke oder ein Buch sehr praktisch. Auch der Tisch sollte aus witterungsbeständigem Material sein, damit Sie ihn im Freien lassen und ihn überall im Garten platzieren können. Er sollte nicht zu schwer sein, sodass er problemlos transportiert werden kann.

VOR DER HAUSTÜR SITZEN

Bei einem Sitzplatz an der Haustür mit Blick auf den Garten und den Eingangsbereich ist man mittendrin und stiller Betrachter. Außerdem wirkt eine Bank am Eingang einladend, nicht nur für Gäste, auch die Bewohner sind eingeladen noch einen Moment vor dem Eintreten zu verweilen oder den Arbeitstag hinter sich zu lassen, bevor man zu Hause ankommt. Bänke aus wetterfestem Material wie Eiche oder Robinie können das ganze Jahr über an ihrem Platz bleiben. Die sich mit der Zeit bildende graue Patina beeinträchtigt die Funktion nicht.
Eine Hängematte dagegen wirkt lässig und ungezwungen. Durch diese Wirkung hat sie eine besondere Anziehungskraft für junge Leute. Die Möglichkeit, zu schaukeln und sich zwischen Kissen die bequemste Position zu suchen, verstärkt diese Ausstrahlung.

[a] HÖLZERNE KLÄNGE Auch dieses Mobile aus Ästen in verschiedenen Längen benötigt den Wind. Das Beobachten der durch die langsamen Bewegungen entstehenden Formen hat eine entspannende Wirkung. Die Töne sind nicht hell und auffordernd, sondern ruhig und gesetzt.

[b] ZUM KLINGEN GEBRACHT Schon ein laues Lüftchen reicht aus, um dem Klangspiel Töne zu entlocken. Die ersten Herbstböen kommen da gerade recht und schon klimpert und klingt es.

[a]

[b]

[c] BESTECHEND EINFACH – aber wunderschön ist dieses Einkochglas als Windlicht. Das feingliedrige Ahornblatt wurde mit einem Glasschleifer eingeritzt. Einige Samen des Ahorns bedecken den Boden des Glases und sorgen für einen geraden Stand der Kerze.

[d] ANGEKRATZT Auch die Pilze auf diesem Glas sind eingeritzt. Durch das Ritzen mit dem Glasschleifer wird die Oberfläche des Glases angekratzt und abgetragen, dadurch entsteht der satinierte Eindruck.

[e] GLÄSERNE SCHÖNHEITEN Der Glasaufsatz ist aus einem Kronleuchter. Er leuchtet nicht mehr gemeinsam mit vielen Lichtern in einem Saal, jetzt hat er einen Soloauftritt. Auf einem langen Stab zwischen den niedrigen Büschen kann man seinen besonderen Schliff und die Leuchtkraft ausgiebig bewundern.

[c]

[d]

WIND UND LICHT

Hören und Sehen

[e]

Sich bewusst Zeit nehmen, um einfach nur zu hören oder das Flammenspiel einer Kerze zu beobachten, ist sehr entspannend. Klangspiele, Mobiles und Windlichter sind kleine, aber feine Dekorationen, die eine erstaunlich beruhigende Wirkung haben.

KLANGSPIELE

Klang- und Windspiele haben eine lange Tradition, schon seit dem frühen Mittelalter verschönern die Menschen damit den Innen- und Außenbereich ihrer Häuser. Zarte und leise Klangspiele beruhigen und haben einen positiven Effekt auf unsere Sinne. Windspiele dienen nicht nur als Dekoration, sondern werden auch eingesetzt, um den Wechsel der Windrichtung anzuzeigen. Aus Veränderungen der Windstärke und Richtung können Wetterumschwünge abgelesen werden.

Klangspiele können aus den unterschiedlichsten Materialien hergestellt werden. Elemente aus Glas, Metall und PVC erzeugen hohe, eher klingelnde Töne. Bambus, Holz und Stein lassen ein eher mattes Pochen oder Klopfen ertönen. Probieren Sie durch Zusammenstellen von unterschiedlichen Materialien verschiedene Töne und Klangmelodien aus. Die Tonhöhe von Röhren aus Glas, Metall und Bambus kann durch deren Länge und Dicke variiert werden. Die einzelnen Klangelemente werden durchbohrt oder mit Draht oder Perlonschnur umwickelt, bevor sie an einem Ast oder Ring aufgehängt werden. Damit alle Elemente frei schwingen können, muss die Aufhängung lang genug sein **[→a und b]**.

WINDLICHTER

Auch Windlichter haben eine lange Tradition. Die Kombination aus einer selbst leuchtenden Lichtquelle und einem Schutz vor Witterungseinflüssen machte es erst möglich, Licht zu transportieren. Kerzen in Einkochgläsern oder anderen lichtdurchlässigen Gefäßen lassen sich mit wenig Aufwand in auffällige und eindrucksvolle Windlichter verwandeln. Außergewöhnliche Effekte erzielen Sie, wenn Sie mit einem Glasschleifer Muster oder Motive in das Glas ritzen **[→c und d]**. Das gewünschte Motiv wird auf einem Blatt Papier, das dann von innen in das Glas geklebt wird, vorgezeichnet. Ein ähnliches Aussehen hat Satinierfarbe, die mit einem Schwamm auf das Glas aufgetragen wird. Farbige Lichteffekte entstehen, wenn das Glas mit Glasmalfarben bemalt wird. Mit bunten Bändern, Zweigen, Blüten oder anderen Naturmaterialien dekoriert, werden schlichte Gläser auch ohne Bemalung zu beachtenswerten Windlichtern.

Die Aufsätze von Kronleuchtern sind meistens sehr aufwendig geschliffen und oft auch eingefärbt. Auf ein Holzbrett mit passender Vertiefung gesetzt und auf Metallstangen oder Holzstäben befestigt, machen sie besonders auf dem Rasen, am Weg oder zwischen den Pflanzen einen originellen Eindruck.

FEINER STAUB **Beim Bearbeiten von Glas mit einem Glasschleifer entsteht sehr feiner Staub. Wischen Sie diesen Staub während der Arbeit regelmäßig mit einem feuchten Tuch ab und tragen Sie einen Mundschutz. Glasstaub kann die Schleimhäute reizen.**

[a]

[a] AUFREGENDES FÜR DIE FÜSSE Auf einem Barfußpfad aus unterschiedlichen Materialien kann man viele Sinneseindrücke und die dadurch entstehende Entspannung erleben. Die einzelnen Fächer des Pfades sind abwechslungsreich mit harten und weichen Materialien gefüllt und bieten auf einer großzügigen Fläche jede Menge „Fühlerfahrungen".

[b] VIELFALT FÜR ALLE SINNE Thymian, Minze und Zitronenmelisse verströmen ihre aromatischen Düfte. Man kann gar nicht langsam genug laufen, damit der Nase nichts entgeht. Dieser Kräuterpfad ist so angelegt, dass man nicht auf die Kräuter tritt, sondern auf einem kleinen Pfad zwischen ihnen wandelt.

[c] GEMEINSAME SACHE Ein Barfußpfad ist für Große und Kleine gleichermaßen ein spannendes Erlebnis. Machen Sie doch aus dem Anlegen des Pfades ein Familienprojekt, in das alle Mitglieder der Familie bei der Standortwahl, beim Bau und bei der Auswahl der Materialien eingebunden sind.

[b]

WOHLFÜHLPFADE

Erholung spüren

[c]

Wie fühlt sich das an? Die großen Kiesel sind glatt und warm, Tannenzapfen piken ein bisschen und der Sand – ganz weich! Ein Barfußpfad bietet Abwechslung für die Füße und überraschende Sinneseindrücke für den Kopf.

SO WIE EIN KIND

Kinder sind begeisterte Barfußläufer, ohne Bedenken befreien sie sich von Schuhen und Strümpfen und laufen los. Schließen wir uns ihnen an und gehen auch mal wieder barfuß. Der Garten ist ohnehin schon ein gutes Terrain, um sich auf bloßen Füßen zu bewegen. Noch mehr Abwechslung für die Füße bietet er, wenn man einen Pfad aus unterschiedlichen Materialien gestaltet, die viele Fühlmöglichkeiten bieten **[→a]**. Schon einige Waschbetonplatten, ein paar große Kiesel oder eine Fläche mit Fichtenzapfen ausgelegt, bringen Abwechslung für die Füße. Ein eingegrabener Baumstumpf oder ein Baumstamm laden außerdem zum Balancieren ein. Schon Kneipp wusste, dass so oft wie möglich barfuß zu laufen das Bindegewebe und die Fußmuskulatur fördert, dass Sehnen und Bänder gestärkt werden und dass das natürliche Abrollverhalten der Füße auch gut für die Rückenmuskulatur ist.

EIN EIGENER PFAD IM GARTEN

Suchen Sie sich einen Bereich im Garten, wo der Pfad angelegt werden soll. Ein guter Platz ist auf einer Rasenfläche, Wiese oder an einer Stelle mit niedrigem Bewuchs. Auch eine gepflasterte Fläche, aus der Steine entnommen werden, ist geeignet. Die einzelnen Felder sollten so groß sein, dass auch große Füße ausreichend Platz haben und dass man gut gehen und fühlen kann.

Wenn es der Platz zulässt, dürfen die Felder auch so groß sein, dass zum Überwinden mehrere Schritte nötig sind.
Die Einfassung der einzelnen Felder kann aus Kanthölzern, Rundhölzern oder Kantensteinen bestehen. Tragen Sie die Grasnarbe oder wenige Zentimeter der Erde ab, verlegen Sie ein Vlies und bauen Sie die Umrandung. Das wasserdurchlässige Gartenvlies verhindert das Durchwachsen von Pflanzen. Füllen Sie nun die Felder. Dabei sollten sich loses und festes Material abwechseln, damit sich die Materialien bei häufigem Darüberlaufen nicht zu sehr vermischen. Als Füllmaterial eignen sich Kiesel in verschiedenen Durchmessern, Kopfsteinpflaster oder Waschbetonplatten, Sand, feiner Splitt, Baumscheiben, Fichtenzapfen, Rindenmulch, Lärchennadeln und abgestumpfte Glasscherben in unterschiedlichen Farben und Größen. Der Rindenmulch ist eher für schattige Plätze geeignet, da er in der Sonne austrocknet und „stachelig" wird. Abgestumpfte Glasscherben, auch Glaskies genannt, sind in unterschiedlichen Körnungen und Farben im Fachhandel erhältlich.
Ein Kräuterpfad **[→b]** wird in der gleichen Weise angelegt, nur ohne Vlies. Halten Sie die Kräuterpolster kurz, um ungebetenen Insektenbesuch auf dem Barfußpfad zu vermeiden. Aromatische Polsterpflanzen wie Sandthymian *(Thymus serpyllum)* oder Poleiminze *(Mentha pulegium)* lassen sich auch gut in einen Barfußpfad integrieren.

[a] RUHIG FLIESST EIN FLUSS Er bahnt sich seinen Weg durch viele kleine Hügel im bergigen Gelände. Vielleicht sind es auch keine Hügel, sondern viele Tiere, die sich zusammengefunden haben, um ihren Durst zu stillen.

[b] VIELE BEDEUTUNGEN Es könnte ein Berg sein, um den sich ein Fluss windet, oder ein großes Tier, vielleicht ein Elefant, dessen Beine von Wasser umspült werden. Oder die Kreise, die den großen Stein umrunden, zeigen das Wellenmuster, das ein Stein verursacht, wenn er ins Wasser fällt.

[c] AUS DER MITTE HERAUS Ein Mandala ist ein geometrisches Schaubild, welches stets auf die Mitte konzentriert ist. Blätter, Blüten in verschiedenen Farben, dünne Zweige und Steine aus Glas bilden dieses Mandala. Aber auch Zapfen, Nüsse, Erlen, Hagebutten oder Gräser mit Ähren sind Materialien, aus denen sich ein Mandala legen lässt.

MINI-ZEN-GARTEN

im Sandkasten

Sich dem hektischen Alltag für eine Weile entziehen und in Ruhe verweilen. In der Tradition des Zen-Gartens finden wir Orte, die ruhig, klar und geordnet sind. Auf kleinster Fläche stellen sie ein eigenes Universum dar.

SAND UND STEINE

Sand ist nicht nur etwas für Kinder, er kann auch Erwachsene faszinieren. Zen-Gärten im Kare-san-sui-Stil sind Trockengärten, die in Japan ihren Ursprung haben. Die reduzierte Form besteht nur aus Sand und Steinen, auf Wasser und Pflanzen wird verzichtet. Im Buddhismus dienen sie der Meditation durch die Konzentration auf einfache Arbeiten, wie zum Beispiel das Harken von Sand oder Kies. Die Linien, die mit einer Harke oder einem Rechen gezogen werden [→a], entsprechen Wasserlinien, die natürliche Strukturen wie Bäche, Flussläufe oder die Wellen auf dem Meer symbolisieren. Sie sollten möglichst keinen Anfang und kein Ende haben, sondern ineinander übergehen. Steine symbolisieren Berge oder Tiere [→b]. Sie sollten nicht geometrisch angeordnet werden, sondern eher zufällig, um die natürlichen und zufälligen Strukturen der Natur widerzuspiegeln. Fünf oder sieben Steine werden in kleinen Gruppen oder einzeln platziert und die Wasserlinien fließen um sie herum.

EIN SANDKASTEN-ZEN-GARTEN

Der Zen-Garten im Sandkasten ist eine gute Möglichkeit, sich den grundlegenden Gedanken und Überlegungen der ursprünglichen Tradition anzunähern. Zur Ruhe zu kommen und sich konzentriert einfachen Aufgaben zu widmen, steht dabei im Vordergrund. Dabei können Sie sich streng an die vorgegebenen Gestaltungsregeln halten oder auch eigene Regeln entwickeln. Eine Kombination von Elementen aus der Gestaltung von Mandalas und der Zen-Garten-Theorie ist möglich [→c]. Das gleichmäßige Harken des Sandes, um eine ebene Fläche zu erhalten, und das Ziehen von gleichmäßigen Linien beruhigen und erfordern eine ruhige Hand. Eine ebenso entspannende Tätigkeit ist das Sammeln und Auswählen von Steinen und Naturmaterialien mit offenen Augen.

WERKZEUGE

Die Zen-Mönche benutzen zum Harken und Glätten des Sandes oder Kies spezielle Werkzeuge. Ein Sandglätter hat die Form einer Harke und ist ihr in der Handhabung ähnlich. Die Sandharken haben fünf oder sieben keilförmige Zinken aus Stahl, die weit auseinanderstehen. Um gleichmäßige und deutlich erkennbare Linien in Sand oder Kies zu ziehen, sind diese Merkmale wichtig. Im Sandkasten-Zen-Garten kann der Sand mit der Rückseite einer breiten Holzharke oder einem kleinen Fächerbesen geglättet werden. Mit einem Holzrechen, aus dem einige Spitzen entfernt wurden, oder unterschiedlich dicken Bambusstöcken lassen sich Wasserlinien ziehen.

DIE BLÄTTER FALLEN

IMPRESSIONEN

Warme Gelb- und Brauntöne, leuchtendes Orange und Rot, mattes Grün und Grau – nur der Herbst hat solche Farben, mit denen er eine ganz eigene Stimmung erzeugt. Lassen wir uns einnehmen von dieser Farbenvielfalt, die sich unaufdringlich, aber kraftvoll präsentiert.

[a]

[a] KLEINE TRUPPE Diese Pilze sind ganz und gar ungiftig. Auch gegenüber ihrem Standort sind sie anspruchslos. Als Gruppe auf einer Wiese oder unter Nadelhölzern wirken sie besonders schön.

[b] FLIEGENDER PILZ Er ist kaum von seinen echten Artgenossen zu unterscheiden. Nur seine weißen Glasflecken leuchten vielleicht etwas heller, wenn sich das Sonnenlicht darin fängt.

[c] EINZIGARTIG Damit ihnen die Witterung nichts anhaben kann, sind diese Pilze aus Eichenholz gefertigt. Durch das Verarbeiten von Holz mit Fehlstellen, Astlöchern und ungleichmäßiger Maserung entsteht eine lebhafte und natürliche Wirkung.

[d] HOCHGEWACHSEN Nicht dicht am Boden und mit einem großen Hut, sondern schmal und hochgewachsen zeigt sich dieser Pilz. Er wirkt besonders hübsch als Einzelgänger auf dem Rasen oder auf einer freien Stelle unter Büschen und Bäumen.

[b]

[c]

HUT ODER KAPPE

Holzpilze zum Sammeln

Manche Arten kann man das ganze Jahr über finden. Aber kaum werden die Tage wieder kürzer und der Morgentau liegt auf Wiesen und Feldern, sind sie alle da: Pilze in den lustigsten Formen und Farben.

[d]

ARTENVIELFALT

Pilze sind ein launiges Völkchen, man kann nicht immer mit Bestimmtheit sagen, wo und wann man sie antrifft. Ihre Fruchtkörper zeigen sich auf der Wiese, auf lebendem und abgestorbenem Holz oder sie besiedeln den Erdboden. Fliegenpilze zum Beispiel bevorzugen die Gesellschaft von Birken und Fichten. Die Lebensdauer ihrer Fruchtkörper ist allerdings kurz. Oft sind sie nicht lange in ihrer ganzen Schönheit zu bewundern, sondern zerfallen schon nach wenigen Tagen.
Die Holzpilze auf dieser Seite sind berechenbarer. Sie wachsen genau da, wo sie aufgestellt werden. Sie haben auch keine besonderen Ansprüche an ihre Umgebung und in ihrer Artenvielfalt stehen sie ihren echten Artgenossen in nichts nach [→a].

RESTEVERWERTUNG

Für die Pilze lassen sich hervorragend Reststücke verarbeiten. Je nach Größe der zur Verfügung stehenden Reste entstehen kleine und große Exemplare. Damit die Fruchtkörper natürlich wirken, zeichnen Sie Hut und Fuß getrennt und aus freier Hand auf. Fügen Sie beide Teile nachher mit einem Dübel zusammen. Um die Vielfalt der Natur widerzuspiegeln, verwenden Sie unterschiedliche Holzarten. Fehlstellen, Astlöcher oder Kerben im Holz verstärken die Einzigartigkeit. Ein einheitliches und gleichförmiges Bild erreichen Sie, wenn Sie mit Schablonen und gleichmäßig gemasertem Holz arbeiten.
Damit die Pilze gut aufgestellt werden können, ist in den Fuß ein großer Nagel eingearbeitet. Zuerst wird dieser mit einer Eisensäge von seinem Kopf befreit und der Sägeschnitt mit einer Feile geglättet. In der Stärke des Nagels bohren Sie nun ein etwa drei Zentimeter tiefes Loch in den Fuß des Pilzes. In diese Bohrung wird der Nagel mit der Spitze eingeschlagen. Beim Aufstellen ist darauf zu achten, dass das Holz den Boden nicht berührt. Auch sehr witterungsbeständiges Holz kann zu faulen beginnen, wenn es längeren Kontakt mit der Erde hat.

VIELE PUNKTE

Das Schönste an diesem Fliegenpilz sind die weißen Punkte aus Glasnuggets auf der leuchtend roten Kappe [→b]. Acrylfarbe ist licht- und wetterfest und ergibt den satten roten Farbton. Wasserlösliche Beize lässt die Maserung des Holzes noch durchschimmern und muss mit einem zusätzlichen Schutzlack überzogen werden. Für die Glasnuggets können Sie mit einem Astlochbohrer (Forstnerbohrer) etwa fünf Millimeter tiefe Löcher an vorher markierten Stellen bohren. In diese Vertiefungen geklebt, haben die „Punkte" zusätzlichen Halt.

[a] BEERENTRÄUME Ein Kranz aus Brombeeren und Vogelbeeren an der Haustür oder einem anderen sonnigen Platz erfreut nicht nur die Menschen, er kann auch ein Festmahl für Vögel sein. Hängen Sie ihn an einer Stelle auf, die für die Vögel gut zu erreichen ist und wo sie ungestört fressen können.

[b] WIE AM SCHNÜRCHEN Ein Streifzug über Wiesen und durch Wälder – eine lange Kette aus allem, was auf und am Weg lag. Bunter Draht oder auch eine Bastschnur, eine Nadel oder ein dünner Bohrer für die Löcher und es kann drauflosgefädelt werden.

[c] APFELALLERLEI Man mag die gebastelten Äpfel gar nicht wieder loslassen, so weich sind die Blätter des dafür verwendeten Wollziest *(Stachys byzantina)*. Eine Steckkugel dient den süßen Äpfelchen als Innenleben. Die Blätter wurden vorsichtig mit der Heißklebepistole aufgeklebt und das ganze Arrangement durch ein paar Holzäpfel ergänzt.

[d] EINLADEND Der Schopf aus Binse mit Ahorn- und Eichenblättern aus Metall wirkt durch seine Schlichtheit und die warmen Farben. Hier zeigt sich, dass auch wenige und einfache Materialien etwas Außergewöhnliches darstellen können.

ES IST HERBSTLICH

Beeren, Eicheln & Co.

[d]

Es duftet nach Beeren, Obst und Getreide, das Auge wird mit einer wahren Flut von warmen Farben verwöhnt. Jetzt ist die Zeit für Sträuße und Blumenarrangements, die diese Stimmung einfangen und die Fülle, die die Natur uns bietet, widerspiegeln.

WAS DIE NATUR GIBT

Für Herbstarrangements eignet sich alles, was der Garten, die nahen Wiesen und Felder und der Wald hergeben. Schon das Sammeln und Bereitlegen der Blumen, Gräser, des Getreides und der bunt gefärbten Blätter ist eine Freude und lässt die Ideen überquellen. Ob Sie sich bei Ihrer Sammlung auf eine Pflanzenart oder Farbe konzentrieren, oder ob Sie alles bunt mischen, ist allein Ihrer Stimmung und Ihrem Geschmack überlassen.
Alle Gräser und Getreidearten lassen sich gut verarbeiten. Blumen und Blätter können frisch oder getrocknet verwendet werden. Hortensien zum Beispiel kann man sehr gut trocknen. Schneiden Sie die Blüten, sobald die Herbstfärbung am Strauch eingesetzt hat, und legen Sie sie einfach an einen trockenen, lichtgeschützten Ort damit die Farbe erhalten bleibt.
Natürlich sind auch alle Beerenarten für herbstliche Dekorationen geeignet **[→a]**, der Kürbis gehört auch dazu, denn botanisch gesehen ist er ebenfalls eine Beere.
Ausgefallene Schalen, Vasen oder Töpfe unterstreichen die Wirkung Ihrer Werke. Auch Schleifen, bunte Bänder oder ungewöhnlich geformte Zweige lassen sich gut integrieren.

LIEBEVOLL ARRANGIERT

Ein dicker Zopf oder ein Bündel aus Gräsern ist ein einfacher und schlichter Schmuck, der am Gartentor, an der Hauswand oder im Eingangsbereich Eindruck macht **[→d]**. Einzelne Blüten oder Schmuckelemente unterstreichen die bescheiden wirkende Ausstrahlung.
Unter der Schicht aus Blättern des Wollziests verbirgt sich eine Kugel aus Styropor oder Steckschaum. Mit einem scharfen Messer kann man die Form eines Apfels oder einer Birne vor gestalten, dann werden die Blätter überlappend um die Form geklebt. Ein kleineres Blatt und ein kleiner Ast vervollständigen die Frucht **[→c]**. Zusammen mit echten oder Früchten aus Holz ergeben sie ein ungewöhnliches Arrangement.
Ein Stroh- oder Weidenkranz bietet eine gute Hilfe beim Wickeln von Kränzen. Die gewünschten Materialien werden entsprechend vorbereitet und mit Blumendraht auf dem Kranz befestigt. Die Wicklung muss fest sein, da die Pflanzen sonst verrutschen oder sich sogar vom Kranz lösen. Auf eine feste Wicklung muss besonders dann geachtet werden, wenn frische Pflanzen verarbeitet werden. Sie trocknen nach einigen Tagen ein und sitzen dann locker auf dem Kranz.

[a]

[a] FRECH UND SCHWUNG-VOLL Durch das jahrelange Fegen hat die Frisur genau den richtigen Schwung. An das Blechdosenkleid mit geradem Schnitt noch schnell eine Blume gesteckt und das silberne Fahrrad-klingelarmband angelegt. Fertig! Perfekt gekleidet für die Arbeit im Garten.

[b]

[c]

[b] ELEGANT Diese Dame mag es lieber etwas aufwendiger. Zum Ziertellerkragen mit durchbrochenem Rand hat sie das lange Baumstammkleid mit rostigem Metallornament gewählt. Allein die Frisur ist schlicht gehalten. Auch sie ist perfekt vorbereitet für die Beaufsichtigung der Pflanzen.

[c] ES SIND KLEINIGKEITEN Kleine Ornamente aus Holz oder Metall, Gliederketten aus Metall, Möbelbeschläge, Schlauchschellen oder eine alte Fahrradklingel lassen sich gut als schmückende Verzierungen verwenden und geben dadurch jeder Vogelscheuche das gewisse Etwas.

VOGELSCHEUCHEN

Lustige Erntehelfer

Schon der Gedanke an eine Vogelscheuche weckt Erinnerungen und ruft Ideen hervor. Der Zauberer von Oz und Bilder von lustigen Gestalten auf Feldern und zwischen Beerensträuchern werden wach. Und: Vogelscheuchen zu bauen macht großen Spaß!

SCHON LANGE IM DIENST

Wahrscheinlich hat es die ersten Vogelscheuchen schon kurz nach der Einführung des Ackerbaus gegeben. Ihre abschreckende menschenähnliche Gestalt soll einen Bauern oder einen Landarbeiter darstellen, der mit ausgebreiteten Armen die Vögel verscheucht, um die Saat zu schützen.
Neben ihrer menschlichen Gestalt sollen auch Wind und Sonne die Wirksamkeit verstärken. Sich im Wind bewegende Teile der Kleidung oder flatternde Bänder erwecken den Anschein von arbeitenden Menschen. Steine oder Metallteile, mit denen die Vogelscheuche zusätzlich geschmückt wird, erzeugen im Wind Geräusche und Glasstücke oder Metallfolien lassen Lichtreflexe im Sonnenlicht entstehen. Um zu verhindern, dass sich die Vögel allzu schnell an die Vogelscheuchen gewöhnen, sollten diese öfter umgestellt werden. Auch die Veränderung durch den Austausch verschiedener Gestaltungselemente trägt dazu bei, dass die Vögel sich nicht an ihre Anwesenheit gewöhnen.
Trotz all dieser Maßnahmen finden sich die gefiederten Gesellen recht schnell mit der Anwesenheit von Vogelscheuchen ab. Sie ahnen wohl, dass von ihnen keine wirkliche Gefahr ausgeht. Darum liegt der Schwerpunkt bei den auf dieser Seite vorgestellten „Vogelscheuchen-Damen" im dekorativen Bereich. Sie sollen im Garten Blickfänge sein, ihre ursprüngliche Aufgabe tritt dabei in den Hintergrund.

ENDLOSE VIELFALT

Das klassische Vogelscheuchen-Grundgerüst besteht aus einem Holzkreuz aus Leisten und sieht mit dem Kopf und der Querleiste als Oberkörper dem Menschen recht ähnlich. Auch das Ankleiden der Vogelscheuche mit abgelegten Hemden und Hosen oder flatternden Kleidern lässt sie authentisch wirken. Tücher, Schmuck oder ein Hut komplettieren die Erscheinung.
Die beiden hier vorgestellten Modelle wollen diese Vorlage neu interpretieren [→a und b]. Die eine hat eine große Blechdose, die andere ein Stück von einem Baumstamm als Körper.
Deckel und Boden der Blechdose haben jeweils ein Loch, durch das ein alter Strohbesen hindurchgeführt wurde. Eine durch den Stiel gebohrte Schraube sorgt dafür, dass der Dosenboden in passender Höhe aufliegen kann.
Arme und Schmuck werden ebenfalls mit Schrauben am Dosenkörper befestigt. Um eine natürlichere Haltung zu erzeugen, werden die Äste für die Arme etwas schräg angesägt. Sie lassen sich so auch einfacher am Körper anbringen. An einem Körper aus einem Stück Baumstamm lassen sich alle Gestaltungelemente leicht anschrauben. Damit das Holz nicht platzt, ist es sinnvoll, Löcher vorzubohren, bevor die Schrauben eingesetzt werden.
Die Freude über Ihre Gesellen im Garten ist ihnen garantiert, auch wenn diese ihre Arbeit mal nicht so erfolgreich verrichten und die Vögel etwas stibitzen!

[a] SETZKÄSTEN Es gibt viel zu sehen in diesem Setzkasten. Jedes Fundstück ein besonderes Exemplar! In einem Setzkasten hat jede Eichel und jede Kastanie ihren eigenen Platz und ihren eigenen Auftritt.

[b] EINGEMACHT Von allen Seiten gut sichtbar in Einkochgläser und große Vasen gestapelt, die bis zum Rand gefüllt mit den schönsten Fundstücken glänzen. So prahlen sie geradezu mit ihrer Vielfalt und ihrem Überfluss.

[c] FÜR DIE KLEINEN Kein Blatt muss mehr für Tage zwischen Zeitungspapier unter dicken Büchern verschwinden. In dieser Blätterpresse sind sie gut aufgehoben. Fest zusammengedrückt und verschraubt wird jedes einzelne Blatt gut gepresst und getrocknet.

[d] ERNTEDANK Kapseln der Lampionblume, bunte Blätter und blaue Hortensien präsentieren sich in Weidenkörben. Am Gartentor oder neben einer Bank aufgestellt, zeigen sie die schönsten Fundstücke aus dem eignen Garten.

[e] SAMMELLEIDENSCHAFT Bis zum Rand mit Lampionblumen, Astern und getrockneten, bunten Herbstblättern gefüllt, sind diese grob geflochtenen Körbe in unterschiedlichen Größen.

FUNDSTÜCKE

Gesammeltes aus der Natur

[e]

Bei einem Spaziergang durch Felder und Wiesen oder bei einem Rundgang durch den Garten kann man so einiges finden und entdecken, was gesammelt und ausgestellt werden möchte. Körbe, Gläser und Kisten stehen schon bereit und warten nur darauf, gefüllt zu werden.

SAMMELFREUDE

Das bunte Farbenspiel des Spätsommers ist kaum vorbei, da wird es von leuchtenden Orange-Rot- und Gelbtönen abgelöst. Obst, Eicheln, Kastanien und Zapfen zeigen sich von ihrer schönsten und farbigsten Seite. Auf der Erde, oft unter Blättern verborgen, liegen die schönsten Stücke. Schauen Sie genau hin und lassen Sie sich beeindrucken. Oft fällt es schwer, sich für ein einzelnes Objekt für den Garten zu entscheiden, also bleibt nur eins: Sammeln und präsentieren!

Weidenkörbe, Blechdosen oder Gläser, zum Aufbewahren und Zeigen sind alle brauchbar **[→b und d]**. Neben Einmachgläsern machen sich auch Flaschen mit weitem Hals oder Bonbongläser gut. Im Setzkasten lassen sich kleinere Dinge wie Erlen, Nüsse oder leere Schneckenhäuser gut vorführen **[→a]**. Auf Regalen, Borden und der Fensterbank finden Einzelstücke einen schönen Platz. Eine bunte Mischung aus besonderen Einzelstücken ist dabei genauso reizvoll wie große Mengen einer Sorte Früchte oder getrockneter Blumen.

STILVOLL GEPRESST

Gepresste Blätter und trockenes Laub lassen sich zu schönen Ketten und Girlanden auffädeln. Am Gartentor aufgehängt oder zwischen Bäumen gespannt haben sie ihren gebührenden Auftritt. Auch in Gläser gefüllt oder in herbstliche Sträuße miteingebunden machen sie sich gut.

Die Blattpresse **[→c]** besteht aus zwei gleich großen und geformten Brettern aus einem Zentimeter starkem Schichtholz, dessen oberes Brett mit einem Blatt oder einem anderen Motiv aus dünnem Schichtholz verziert werden kann. Dicke Schrauben in den Ecken positionieren die Bretter exakt übereinander und halten sie zusammen. Passende Flügelmuttern pressen die beiden Bretter gegeneinander und sorgen für gleichmäßigen Druck. Viele Lagen aufgerautes, saugfähiges Papier in der Presse entziehen den Blättern die Feuchtigkeit. Verwenden Sie kein Zeitungspapier, es ist zwar saugfähig, aber durch die Feuchtigkeit kann sich die Druckerschwärze auf die Blätter in der Presse übertragen und sie unschön verfärben.

SAUBERKEIT IST WICHTIG **Sollte sich doch mal Schimmel in den Einkochgläsern bilden, entsorgen Sie den gesamten Inhalt und reinigen Sie die Behälter gründlich. Bestimmt ist der Inhalt in kurzer Zeit durch noch schönere Fundstücke ersetzt.**

VON SONNE, MOND & KERZEN

LICHT & SCHATTEN

Das geschäftige Treiben im Garten neigt sich dem Ende. Jetzt ist die Stunde der Lichter. Mit Lichtern unterschiedlicher Größe und Reichweite lässt sich der Garten gut ausleuchten und das Spiel mit Licht und Schatten bietet Spaß und Platz für Experimente.

[a]

[a] INDIANERTIPPIS Ihr Lichtschein verbreitet eine besonders harmonische Stimmung. Hasel- oder Weidenzweige werden zum Zelt zusammengebunden und mit Strohseide oder Maulbeerpapier umwickelt. Eine dicke Kerze oder ein großes Teelicht in einem Einmachglas sorgt für die Beleuchtung.

[b] HOCH HINAUS Hohe Stelen aus Kiefernholz mit einer quadratischen Grundfläche tragen Windlichter und einen dicken Kürbis. Am Wegrand, im Eingangsbereich zum Garten oder auf der Terrasse sorgen sie für eine stimmungsvolle Beleuchtung.

[c] IN KLEINER AUSFÜHRUNG Etwas niedriger, mit einer kleineren Grundfläche und mit einem großen Teelicht in einer Glasschale sind diese Leuchter auch für den Tisch geeignet. Das verwendete Kiefernholz ist sägerau, nur die Kanten sind abgeschliffen worden, um sie von Holzsplittern zu befreien.

[b]

KERZENHALTER

Einfach beleuchtet

Schlicht und einfach gestaltete Leuchter sind genauso bemerkenswert wie liebevolle, bis ins Detail gestaltete Lichtobjekte. Gerade, klare Linien, wenige Materialien und ein geringer Aufwand bei der Verarbeitung sind die Merkmale dieser Kerzenhalter.

[c]

LEUCHTENDE ZELTE

Die Grundform der Zelte wird am besten aus Ästen von Weide oder Hasel gefertigt, da diese schön gerade sind [→a]. Mit einer kleinen Astschere oder einer Rosenschere werden pro Zelt vier Äste auf die gleiche Länge geschnitten. Sie werden so zusammengelegt, dass eine quadratische Grundfläche entsteht. Ein Gummiband hält sie in Position, sodass sie nun mit Sisal oder Bast fixiert werden können. Die Wicklung muss so fest sein, dass sie die Äste, auch wenn diese noch Feuchtigkeit verlieren, hält. Die unteren Enden werden zu einem gleichmäßigen Quadrat verbunden. Ein Knoten um die einzelnen Astenden verhindert das Verrutschen der Wicklung.

Ein Dreiviertelkreis aus Strohseide, Bananen- oder Maulbeerpapier wird in entsprechender Größe zugeschnitten. Der Radius des Kreises entspricht der Höhe des Zeltes von der oberen Wicklung bis zur unteren. Bei einem rechteckigen Papier wird der obere Rand etwa fünf Zentimeter umgeschlagen und dann um das Zelt gewickelt. Die überlappenden Teile des Papiers werden gut festgeklebt und das überstehende Papier am unteren Ende mit einer Schere gekürzt. Das ganze Papier muss so um die Zelte gewickelt werden, dass oben ein ausreichend großes Loch entsteht, durch das die Hitze der Flamme entweichen kann.

LEUCHTENDE STELEN

Aus Konstruktionsvollholz, das im Baugewerbe oder im Zimmerer- und Dachdeckerhandwerk Verwendung findet, lassen sich tolle Kerzenstelen herstellen [→b und c]. Veredelte Bauschnitthölzer werden als Konstruktionsvollholz (KVH) bezeichnet. Die Oberfläche ist gehobelt oder sägerau und die Kanten sind angeschrägt. KVH wird aus Fichte, Tanne, Lärche und Douglasie hergestellt. Besonders im Zimmereihandwerk wird das klassische Bauholz immer mehr durch KVH ersetzt, da seine Eigenschaften die Anforderungen im Bauwesen besser erfüllen. Ab zwölf Zentimeter Breite ist KVH auch als zwei- oder dreifach verleimter Balken erhältlich.

Hölzer mit großem Querschnitt, sägerauer Oberfläche und geringer Höhe wirken wuchtig und rustikal. Dagegen erscheinen hohe Balken mit gehobelter Oberfläche und großem Querschnitt schlank. Die Höhe der einzelnen Leuchter sollte dem Querschnitt immer angepasst sein. Hohe Leuchter sollten immer eine Breite von über 16 Zentimeter haben, damit sie nicht so leicht kippen können. Eine gefräste Vertiefung im Durchmesser des Glaszylinders sorgt für einen festen Stand des Kerzenglases.

[a] LUSTIGE TIERE Stimmungsvoll beleuchtet und zwischen niedrigen Stauden aufgestellt, gehen Schnecke, Libelle und Vogel ihrer Beschäftigung nach. Die tiefe Schale für das Teelicht sieht nicht nur schön aus, sie schützt die Flamme auch vor dem Wind.

[b] MAL ANDERS Eine Gruppe von Küchenreiben mit neuer Aufgabe. Auf einem Holzbrett angeordnet und fest miteinander verbunden, hat auch eine große Kerze in der Mitte Platz. Durch die unterschiedlichen Löcher, Ritzen und Schlitze findet das Licht viele Wege und malt einzigartige Muster, auf jeder Seite ein anderes.

[c] VEREDELT Durch den aufwendigen Schliff verbreiten diese Schalen und Gläser ein Funkeln und Glitzern. Am schönsten sehen sie in einer Gruppe aus verschiedenen Formen und Größen aus.

[b]

[c]

INS LICHT GERÜCKT

Fantasievolle Leuchtobjekte

Mit kleinen Lichtern schaffen Sie im Handumdrehen Atmosphäre. Auf dem Tisch, der Gartenbank oder in Halterungen, zwischen die Blumen gesteckt, verbreiten Teelichter und Kerzen Gemütlichkeit.

MIT NEUER FUNKTION

Viele Dinge aus dem Haushalt eignen sich, um daraus originelle Lichter herzustellen. Ein Streifzug durch die Küchen- und Geschirrschränke bringt ungeahnte Möglichkeiten zum Vorschein. Das Licht braucht nur noch seinen Weg zu finden.
Ganz besondere Lichteffekte verbreiten zum Beispiel Küchenreiben. Zu einem Quadrat oder Dreieck aufgestellt und mit Draht verbunden, entstehen mit einer Kerze in der Mitte durch die Löcher und Ritzen der Reiben vielfältige Lichtmuster [→b].
Einfache Trinkgläser verwandeln sich schnell in ein echtes Original, wenn sie statt Sand oder kleinen Steinchen den Boden des Gefäßes mit Kaffeebohnen, roten Brombeeren, Beeren der Eberesche oder noch grünen Minizapfen von Lebensbäumen füllen. Auch mit Blättern oder kleinen Zweigen umwickelte Gläser sehen bezaubernd aus. Einfach, und sehr harmonisch wirkt farbiges Papier, das die Gefäße umhüllt. Strohseide oder Transparentpapier ist in vielen Farben und mit verschiedenen Mustern im Bastelgeschäft erhältlich.
Flache Teller und Schalen mit einem schönen Muster, einer durchbrochenen Kante oder aus geschliffenem Glas sehen besonders hübsch mit einer einzelnen dicken Kerze aus.
In aufwendig geschliffenen Gläsern, Kristallschalen oder farbigen Römergläsern bricht sich das Licht und malt interessante Muster auf den Tisch [→c]. Konservendosen versilbern oder vergolden durch ihre glänzende Innenfläche den Schein einer Kerze.
Aus Draht geformte Ornamente und Figuren lassen sich gerne von Teelichtern beleuchten [→a]. Im Bastelgeschäft erhalten Sie dicken, farbigen Draht, der sich ohne Hilfe von Werkzeugen leicht mit den Händen biegen lässt. Nur zum Trennen des Drahtes benötigt man eine Zange.

SICHERHEIT GEHT VOR

Damit Sie an Ihren selbst gestalteten Lichtern lange Freude haben und deren Wirkung in Ruhe genießen können, ist es notwendig, ein paar Punkte zu beachten. Gerade bei kleinen Lichtern ist es wichtig, auf einen sicheren Stand des gesamten Lichtes und auf eine gerade Position der Kerze oder des Teelichtes zu achten. Kleine Steine, Sand oder andere kleinkörnige Materialien wie Perlen, Beeren oder farbiges Granulat gleichen einen unebenen Boden aus. Eine Glasschale oder ein Halter aus Glas verhindern den direkten Kontakt von Kerzen und Teelichtern mit dem Holz. Gerade die Aluminiumhülle von Teelichtern wird bei längerer Brenndauer sehr heiß. Das kann dazu führen, dass das Holz zu schwelen beginnt. Grundsätzlich ist darauf zu achten, dass kein Papier oder andere zur Dekoration verwendete Materialien in die Nähe der Flamme gelangen.

[a] HINTER RAUER FASSADE Ein großes Teelicht oder eine dicke Kerze streuen ihr Licht durch das Halbrund einer Kartoffelreibe. Damit die Reibe fest steht, ist sie mit dem Griff über die rechtwinklige Halterung aus Holz geschoben. Zwei Schrauben von unten durch den Griff geschraubt, sorgen für zusätzlichen Halt.

[b] VON IHRER AUFGABE BEFREIT Sie waren die Verbindung zwischen Dachrinne und Abflussrohr. Jetzt sitzen die Kupferelemente auf einem sägerauen Holzbrett und leuchten mit rotgoldenem Schein. Sie sind in eine mit der Lochsäge gesägte Rille gesteckt, die verhindert, dass sie sich von der Halterung lösen.

[c] VON LÖFFELN UMZINGELT Im Kreis aufgestellt, an einer Holzscheibe angeschraubt und mit Sisal verbunden, schützen die Löffel die Flamme der Kerze im Glas und verbreiten raffinierte Licht- und Schatteneffekte.

LICHTERGLANZ

Noch mehr Leuchtobjekte

Große und kleine Lichter an der richtigen Stelle verstärken die Wohlfühlatmosphäre. Sie sollen die gemütliche Tischrunde oder einzelne Bereiche im Garten nicht ausleuchten, sondern nur die Stimmung unterstreichen.

AUS DER KÜCHE ANS LICHT

Aus alten Küchenutensilien wie zum Beispiel Löffeln, Gabeln, Servierlöffeln und Schöpfkellen kann man Kerzenhalter fertigen, von denen jeder ein Unikat ist. In Reih und Glied an einer runden oder quadratischen Holzscheibe befestigt, spiegelt Besteck das Kerzenlicht auf besondere Weise **[→c]**. In die Stiele von Löffeln und Gabeln wird mit einem Metallbohrer ein Loch gebohrt. Probieren Sie verschiedene Anordnungen mit gleichen oder unterschiedlichen Besteckteilen aus und verwirklichen Sie die, die Ihnen am besten gefallen. Bevor das Besteck am Brett festgeschraubt wird, markieren Sie seine Position mit einem Bleistift. Manche Besteckteile lassen sich nicht durchbohren, da sie speziell gehärtet sind. Sie können sie mit Montagekleber ankleben.
Die langen Stiele von Servierlöffeln oder Schöpfkellen werden so gebogen, dass sie wie eine Stütze funktionieren, die die Kellen- oder Löffelschale nicht kippeln lässt. Zusätzlich kann die Schale an der Unterseite mit einem Hammer etwas verbeult werden, sodass eine größere Standfläche entsteht. Wer es noch sicherer mag, schraubt die Schale auf einem Brett fest und biegt den Stiel nach Wunsch. Eine dicke Stumpenkerze leuchtet in einer Suppenkelle noch mal so schön.

VOM VERWERTER ODER AUS DEM BAUMARKT

Kupfer leuchtet im Kerzenschein außergewöhnlich schön **[→b]**. Rohre und Verbindungsstücke aus Kupfer werden im Sanitärbereich und beim Bau von Dachrinnen und Abflüssen am Dach verwendet. Gebrauchte Kupferteile finden Sie beim Verwerter von Altmetallen. Sie glänzen nicht mehr so stark, dafür haben sie Patina. Neue Teile in verschiedenen Ausführungen finden Sie im Baumarkt, im Sanitärfachhandel oder beim Dachdecker.
Bohren Sie mit einem Metallbohrer Lochmuster in unterschiedlich lange und dicke Rohrstücke oder schlagen Sie mit einem dicken Nagel Löcher ein und verzieren Sie sie zusätzlich mit einigen Beulen. Über eine Kerze oder ein Teelicht gestülpt, verbreiten sie, einzeln oder in kleinen Gruppen aufgestellt, rotgoldene Lichteffekte. Abflussrohre sind auch aus verzinktem Metall erhältlich. Sie können genauso bearbeitet und in Kerzenhalter oder Windlichter verwandelt werden. Die Rohr- oder Verbindungsstücke können auch auf einer Holzplatte befestigt oder in eine Halterung aus Holz gebaut werden.
Viele Gestaltungsmöglichkeiten bieten auch Lochbleche. Sie sind in verschiedenen Größen, Metallarten und Lochmustern im Baumarkt erhältlich. Sie erlauben viele Kombinationen, um Leuchter und Kerzenhalter zu gestalten: Sie können gebogen, miteinander verschraubt oder an einer Holzscheibe befestigt werden.

[a] WALDIDYLLE Zwischen hohen Tannen zeigen sich vorsichtig Hirsch und Hirschkuh. Auf dem Waldboden wachsen Pilze und in den Tannenspitzen sitzen Vögel. Alle Details sind als einfache Silhouette dargestellt, auf ihre charakteristischen Erkennungsmerkmale beschränkt und an den Konturen entlang ausgesägt.

[b] FILIGRAN Viele verschlungene und detailreiche Ranken und Muster lassen das Ornament wie ein Stück aus „1000 und einer Nacht" oder ein Stück edler Spitze aussehen, durch das das Licht unzählige Wege hinaus findet. Die Ablage für die Kerze sollte aus Glas oder Plexiglas bestehen, damit das Licht der Flamme in alle Richtungen leuchten kann.

[b]

[c]

[a]

[c] SICHER AUFGESTELLT Ein dickes Brett hinter die Sägearbeit geleimt, ergibt eine sichere Standfläche und ist gleichzeitig Ablage für eine oder mehrere Kerzen. Eine gerade Fensterbank oder ein Regal in der Nähe der Sitzgruppe ist der ideale Platz.

[d] ORIENTALISCHER SCHATTEN An einer freien Wand aufgestellt oder gehängt, kann man nicht nur bezaubernd schöne Licht- und Schatteneffekte vor dem Ornament beobachten, sondern auch an der Wand zeichnen sich orientalisch anmutende Muster aus Licht und Schatten ab.

SCHATTENSPIELE

Wenn es dunkel wird

[d]

Da, wo kein Licht ist, wo die Lichtstrahlen nicht hindurch gelangen, ist Schatten. Das Spiel mit Licht und Schatten bereitet besondere Freude, wenn nicht alltägliche Eindrücke entstehen und ein Material verwendet wird, das eigentlich erst mal nicht lichtdurchlässig ist.

VIELE SCHICHTEN SORGEN FÜR STABILITÄT

Damit aus Ihrem Kunstwerk, entweder ein Schattenriss oder ein Ornament mit verschieden angeordneten Ranken und Mustern, nicht schon während der Bearbeitung Teile herausbrechen, sollten Sie kein Massivholz verwenden. Es ist für diese feinen Arbeiten nicht geeignet, es bricht sehr schnell aus. Nehmen Sie Sperrholz oder noch besser Multiplexplatten, die durch ihre mehrschichtige Querverleimung sehr stabil sind **[→a]**. Sperrholz besteht aus mindestens drei Lagen Massivholztafeln oder Furnieren, die miteinander verleimt und gepresst werden. Multiplex hat je nach Stärke gleichstarke Furnierlagen, die etwa einen Millimeter dick sind. Für beide Schattenbilder ist sechs Millimeter starkes Birken-Multiplex verarbeitet worden. Die Stärke der Platten erlaubt es, selbst kleinste Details und aufwendige Muster mit einer Dekupiersäge oder Laubsäge auszusägen und trotzdem die nötige Stabilität zu erhalten.

STÜCK FÜR STÜCK HERAUSGEARBEITET

Egal, für welches Muster oder Motiv und für welche Art des Schattenrisses Sie sich entscheiden, eine gute Vorbereitung ist wichtig. Zeichnen Sie alles genau mit einem weichen Bleistift vor. Achten Sie darauf, dass alle Stege und Abstände, die durch das Motiv entstehen, breit genug sind, damit sie nicht brechen.

Gemeint sind zum Beispiel die Verbindung des Vogels mit der Tannenspitze oder die vom Pilz mit dem Gras. Für die einzelnen Verzierungen und Ranken in Ornamenten gilt das Gleiche. Die Abstände der einzelnen Teile, die ausgesägt werden, müssen ausreichend groß sein. Außerdem müssen alle Elemente, die ausgesägt werden, mit einem Bleistift eingefärbt und gut gekennzeichnet sein, sodass Sie nicht aus Versehen Teile aussägen, die eigentlich stehen bleiben sollen. Vor Beginn der Sägearbeiten wird das Motiv grob
ausgesägt, erst dann werden die Einzelheiten herausgearbeitet. Bei einem Ornament werden zuerst alle inneren Muster und zum Schluss die genaue äußere Kontur ausgesägt

MOTIVE

Bei der Auswahl der Motive ist alles erlaubt: Tiere auf der Weide, eine Blumenwiese oder selbst zusammengestellte Muster **[→b und d]**. Zeichnen Sie Ihren Entwurf auf einen Bogen Papier und variieren Sie ihn so lange, bis Sie mit dem Ergebnis zufrieden sind. Überprüfen Sie alle Verbindungsstellen und Abstände, erst dann übertragen Sie den Entwurf auf das Holz.
Ein hinter die Sägearbeit geleimtes Brett lässt den Schattenriss sicher stehen und Platz für eine Kerze oder ein Teelicht ist auch geschaffen. Hinter das Ornament sind dicke Stücke Rundhölzer geleimt, sodass es mit Abstand angelehnt oder aufgehängt werden kann.

ES IST KALT DRAUSSEN

COOLE HIGHLIGHTS

Kurze Tage und lange Nächte. Das bedeutet, viel Zeit sich auszuruhen und Kraft zu sammeln für die kommende Gartensaison. Trotzdem bietet uns der Garten auch in dieser Zeit außergewöhnliche Möglichkeiten zum Schmücken und Verstärken des Winterzaubers.

[a] GANZ AUS HOLZ Das Futterhaus ist komplett aus einer dicken Eichenbohle gefertigt. Kanthölzer bilden die Grundkonstruktion und das Dach ist mit dünnen Leisten gedeckt. Der weit nach unten gezogene Dachüberstand verhindert, dass das Futter durch Schnee oder Regen feucht wird.

[b] DAS AUGE ISST MIT Die witzigen Futterplätzchen sind nicht nur ein Leckerbissen für Meisen und Amseln, sie sind auch sehr dekorativ. An einer festen, bunten Schnur aufgehängt, verwandeln sie die Futterstelle in ein Schlaraffenland für die Tiere und in eine Augenweide für den Garten.

[a]

[b]

[c]

[c] LECKERBISSEN Für Fett-Körner-Mischungen verwendet man aushärtende Fette wie Kokosfett oder Rindertalg. Diese werden erwärmt und mit gleicher bis doppelter Menge an Körnern und Samen wie zum Beispiel Sonnenblumenkernen, Hirse oder gehackten Nüssen vermischt.

[d] GEWUSST, WIE! Zum Aushärten wird die Masse in Plätzchenformen gefüllt. Wenn Sie Silikonformen verwenden, lassen sich die Futterkekse nach dem Abkühlen ganz leicht herausdrücken und können dann direkt am Futterhaus angebracht werden.

ES IST ANGERICHTET

Futterhäuser & -plätzchen

[d]

Im Garten ist Ruhe eingekehrt. Der Boden ist hart gefroren und das Nahrungsangebot für die hiergebliebenen Vogelarten ist eingeschränkt. Am Vogelhaus aber geht es jetzt lebhaft zu. Manche Gäste kommen täglich, um ihren Hunger zu stillen, andere nur ab und zu.

BAUWEISEN

Egal, ob Sie ein Futterhaus in Form einer Villa oder einer einfachen Scheune bevorzugen, wenn Sie einige grundlegende Punkte beachten, sind der Gestaltung kaum Grenzen gesetzt.

Zum einen darf die Konstruktion keine spitzen Ecken, Kanten, hervorstehenden Nägel oder Schrauben haben, an denen sich die Vögel bei der Futteraufnahme verletzen könnten. Zum anderen muss das Futterhaus fest aufgestellt sein, die Aufhängung oder Befestigung sollte das Gewicht von Futterhaus und Gästen leicht tragen können, sodass ihm auch ein stärkerer Windstoß nichts ausmacht. Ebenso ist eine ebene Bodenplatte wichtig, auf der ein Futtersilo angebracht werden oder eine kleine Schale sicher stehen kann.

Das Futter sollte nicht auf die gesamte Bodenfläche gestreut werden, sodass die Vögel nicht mitten im Futter stehen und es mit Ausscheidungen verunreinigen. Besser ist es, nur kleine Mengen in Schalen oder niedrigen Gefäßen bereitzustellen und diese regelmäßig nachzufüllen.

Das Dach muss regendicht und der Dachüberstand groß und tief heruntergezogen sein, so wird das Futter vor Feuchtigkeit durch Regen und Schnee geschützt **[→a]**. Einige kleine Haken, von unten in die Bodenplatte geschraubt, erleichtern die Befestigung von Futterplätzchen und Meisenknödeln. Reinigen Sie die Futterstelle in regelmäßigen Abständen, eine Bürste und etwas heißes Wasser reichen dafür meist aus.

EINE EINLADUNG AN ALLE

Eigentlich ist jeder Platz für eine Futterstelle geeignet. Vorteilhaft sind ein Baum oder einige Sträucher in der Nähe als Zufluchtsort. Eine erhöhte Position der Futterstelle verhindert, dass sich Katzen unbemerkt anschleichen können. Wählen Sie einen Standort, den Sie gut einsehen und von dem aus Sie die Vögel beobachten können. Je vielfältiger das angebotene Futter ist, umso mehr Vogelarten besuchen die Futterstelle.

PLÄTZCHENREZEPT

Weichfutterfresser wie Rotkehlchen, Meisen, Heckenbraunellen und Amseln mögen in Speiseöl oder Rindertalg eingeweichte Haferflocken, Kleie oder Rosinen. Körnerfresser wie Finken, Sperlinge und Ammern bevorzugen Sonnenblumenmischungen, Hanfsamen, Hirse oder gehackte Nüsse.

Selbst hergestellte Futterplätzchen erweitern und bereichern den Speiseplan der Körnerfresser. Dazu werden einzelne Körnersorten oder eine Mischung aus Samen und Körnern mit erwärmten, aushärtenden Fetten, wie zum Beispiel Kokosfett oder Rindertalg, im Verhältnis 1:1 bis 2:1 in einem Topf gemischt und dann in kleine Silikonformen gefüllt. Nach dem Abkühlen können die ausgehärteten Leckerbissen am Futterplatz oder auch in Bäumen und Sträuchern aufgehängt werden.

[a]

[a] FENSTERBILDER Gefrorene Kunstwerke schmücken die Fenster von außen. Blüten von Hasel, Zaubernuss, Christrosen, Schneeglöckchen oder Zweige von Lärche oder Birke werden in eine Form gelegt. Diese wird mit Wasser gefüllt und bei entsprechender Witterung entweder für etwa 24 Stunden nach draußen oder ins Gefrierfach gestellt.

[b] DEKORATIVE VERGÄNGLICHKEIT Kleine Sterne oder Tannen hängen in Bäumen und Sträuchern. In eine Schale mit ebenem Boden werden mehrere Plätzchenformen gelegt. Die gesamte Schale wird etwa ein Zentimeter hoch mit Wasser gefüllt und ins Gefrierfach gestellt, dabei sollte sie möglichst gerade stehen. Die einzelnen Formen können, wenn alles gut durchgefroren ist, herausgelöst werden.

[b]

[c]

[c] FARBENRAUSCH Die Eisschicht ist sehr dünn, das Wasser hat nur den Boden von verschiedenen Töpfen bedeckt. Die strahlenden Farben sind durch Krepppapier entstanden, mit dem das Wasser zuvor eingefärbt wurde.

[d] LICHTSPIELE In einem Eimer, einer großen Schüssel oder sogar einem Luftballon wird Wasser über mehrere Tage draußen oder im Gefrierfach gefroren. Das Eis in der Mitte des Ballons braucht länger, um richtig durchzufrieren. Es kann mit einem Messer oder einem anderen spitzen Gegenstand herausgekratzt werden, sodass eine Vertiefung für eine Kerze entsteht.

EIS UND KUNST

Gefrorene Fantasien

[d]

Der Winter ist die Zeit der kühlen und eisigen Farben. Jedes bunte Kunstwerk, das jetzt der spröden Witterung trotzt und Farbe ins Wintergrau bringt, bereitet unendliche Freude.

EISSKULPTUREN

Die schönsten Eisskulpturen und -blumen bildet natürlich die Natur, und zwar durch den Wechsel von eisigen Frostnächten und der Wintersonne am Tag.
Aber auch wir Menschen können mit ein wenig Hilfe witzige Eisskulpturen für den winterlichen Garten im Gefrierschrank entstehen lassen. Backformen aus Metall oder Silikon lassen sich dabei gut für die Herstellung verwenden, sie sind frostfest und bieten eine große Formenvielfalt. Muffin- oder Pralinenformen erlauben es, gleich mehrere gleichförmige Kunstwerke herzustellen. Zum Herauslösen werden die Formen kurz unter kaltes Wasser gehalten, zu warmes Wasser lässt das Eis springen oder sogar zerbrechen.

IM EIS VEREWIGT

Was von den gesammelten Schätzen und der Herbstdekoration noch übrig ist, wird mit Blüten von Schneeglöckchen, Winterjasmin oder Christrosen in Eis gehüllt und glitzert dann in der tief stehenden Wintersonne, zum Beispiel als Bild von außen, am Fenster [→a].
Sie können auch Back- oder Sandförmchen mit Wasser füllen und Eiskunstwerke zum Aufhängen basteln [→b]. Entweder Sie heben einzig die besondere Form dieser Aufhänger hervor oder Sie arbeiten auch hier wieder Beeren, Zweige und Blüten ein. Damit die Naturmaterialien dann nicht alle oben auf dem Wasser schwimmen, hält sie ein Stück Frischhaltefolie oder ein Klebestreifen, straff über die Förmchen gespannt, in Position.
Mit einem Bohrer oder einer dicken Stopfnadel, die mit einem Feuerzeug erhitzt wird, kann man Löcher für eine Aufhängung in das Eis bohren. Farbige Bänder leuchten mit den eisigen Objekten um die Wette.
Ausgefallene Schöpfungen entstehen durch gefärbtes Wasser [→c]. Dazu wird das Wasser vor dem Einfrieren mit Krepppapier oder Seidenpapier eingefärbt. Beide Papiere färben bei Kontakt mit Feuchtigkeit sehr stark. Tragen Sie Einmalhandschuhe, um Verfärbungen der Haut zu vermeiden.

EISWINDLICHTER

Mit Eimern und Schüsseln kann man wunderschöne Eiswindlichter herstellen [→d]. Die Gefäße werden mit kaltem Wasser gefüllt und ins Freie gestellt. Für die Vertiefung in der später die Kerze oder das Teelicht steht, wird ein zweites kleineres Gefäß in das Größere gestellt und mit einem Stein oder Klebestreifen in Position gehalten Je nach Stärke des Frostes braucht es einige Tage, bis das Wasser gefroren ist.

KRISTALLSEIFENBLASEN **Für dieses zauberhafte Erlebnis brauch man nur Seifenblasen und einen sehr kalten Tag mit Minusgraden. Die Seifenblasen zerplatzen nicht sofort, sie gefrieren zunächst und bilden auf ihrer Oberfläche sogar feine Eisblumen.**

[a] UMMANTELT Schick eingehüllt, sogar mit dekorativem Kragen, kommt die Zwergmispel gut durch die kalte Jahreszeit. Eine Sisalschnur hält den warmen Mantel aus Kokosfaser fest zusammen, Zapfen und Metallherzen verschönern ihn zusätzlich. Kokosfaser sorgt für eine gleichbleibende Wärme, sodass die Faserwurzeln auch bei starkem Frost keinen Schaden nehmen.

[a]

[b]

[b] BEHÜTET Unter dem eisblauen Sack aus Jute versteckt sich ein Drahtgestell, das für die nötige Stabilität sorgt. Rosen und andere Pflanzen werden nicht nur vor schwankenden Temperaturen geschützt, sie sind auch vom Druck, der durch Schnee entsteht, befreit.

[c]

[c] EINGEWICKELT In Kokos gehüllt und kunstvoll verschnürt, braucht der junge Apfelbaum Wind, Schnee und Frost nicht zu fürchten. Weiß eingefärbte Kokosrindenstücke passen gut zur Matte aus Kokosfasern und zartblaue Herzen setzen farbige Akzente.

WINTERSCHUTZ

Bezaubernd verpackt

Bald verzaubern Frost und Raureif den Garten. In dieser Zeit benötigen besonders immergrüne Blattpflanzen in Kübeln, aber auch manche Stämmchen einen Schutz, damit sie die Minustemperaturen während des Winters gut überstehen.

KÄLTEEMPFINDLICHE GARTENPFLANZEN

Sie benötigen einen Schutz, um Minusgrade im Winter und kalte Frostnächte im Frühjahr und Herbst ohne Schaden auszuhalten. Auch ein Schutz gegen Wind, Schneedruck und Temperaturschwankungen ist sinnvoll in unseren Breitengraden.

Bei Pflanzen in Kübeln ist es wichtiger, den Wurzelballen zu schützen als die oberirdischen Pflanzenteile. Die feinen und empfindlichen Faserwurzeln, die die Pflanze ernähren, liegen nah an der Innenseite des Topfes und müssen vor Frost und Temperaturschwankungen geschützt werden. Wenn sie erfrieren, wird die Pflanze im nächsten Frühjahr kümmerlich oder sie stirbt ab.

Frostschutz für Ihre Pflanzen beginnt schon beim Einpflanzen. Kübel oder andere Gefäße sollten so groß sein, dass sich das Wurzelgeflecht gut entwickeln kann, die Pflanze hat dadurch schon einen natürlichen Schutz. Außerdem friert ein großer Kübel nicht so schnell durch.

Ein weiterer Punkt ist die Bewässerung. An frostarmen Tagen benötigen die Pflanzen Wasser, damit sie nicht vertrocknen. Gießen sie jedoch sparsamer als im Frühling und Sommer, während einer Frostperiode sollten Sie ganz auf Wassergaben verzichten.

Der Zeitpunkt, an dem Sie Ihre Pflanzen einpacken, richtet sich nach der Witterung. Zu früh eingepackte Pflanzen haben nicht genügend Zeit, sich auf die winterliche Ruhephase einzustellen, und werden empfindlich. Es ist wichtig, den Winterschutz nur an trockenen Tagen anzulegen, damit keine Blätter oder andere Pflanzenteile am Schutzvlies anfrieren.

MATERIALWAHL

Vlies schützt vor Kälte, Wind, zu starker Sonneneinstrahlung sowie Temperaturschwankungen und es ist gleichzeitig atmungsaktiv und licht- und wasserdurchlässig. Außerdem ist es gut geeignet, um Töpfe zu ummanteln oder die Krone abzudecken. Mit einem Holzkreuz, das etwas höher ist als die Krone, stabilisieren Sie die Pflanze und verhindern, dass diese durch Schneedruck beschädigt wird, bevor Sie sie einpacken. Ein Drahtgestell aus Maschendraht erfüllt die gleiche Funktion. Es kann zusätzlich dem Wuchs der Pflanze genauer angepasst werden oder auch eine witzige Form haben, wie zum Beispiel eine Mütze **[→b]**.

Jute ist sehr widerstandsfähig und kann für die Krone oder den Stamm verwendet werden. In Kombination mit einem dünnen Vlies ist es sehr wirksam. Es ist genau wie Vlies in verschiedenen Größen, Dicken und Farben im Fachhandel erhältlich. Zum Umwickeln des Stammes wird Jute in Streifen geschnitten oder gleich als Band gekauft.

Besonders bei Stamm-Rosen und jungen Obstbäumen ist ein Winterschutz empfehlenswert. Wasser kann durch winzige Öffnungen in der Rinde eindringen und dort beim Wechsel von Frost und Tauwetter Risse verursachen. Diese Wunden bieten optimale Bedingungen für Krankheiten und die Einnistung von Schädlingen. Mit Kokosband, das gegenüber Juteband eine stärker isolierende Wirkung hat, können Stämme wirkungsvoll geschützt werden **[→c]**. Auch Kübel und Töpfe sind, mit Kokosmatten eingewickelt, besonders gut isoliert.

[a]

[b]

[a] IN RINDE GEHÜLLT In Rindenstücke einer Platane gehüllt, sind die Schneeglöckchen ganz natürlich verpackt. Sie werden nur mit einer Schnur zusammengehalten. So gut eingewickelt, sind sie nicht nur im eigenen Garten nett anzusehen. Über ein solches Mitbringsel freut sich jeder.

[b] SCHÖN PRÄSENTIERT Jede Jahreszeit hält Besonderheiten bereit, die nur in dieser Zeit zu finden sind. In kleine Tonschalen gefüllt und in mehreren Ebenen auf einen Wurzelstumpf gestellt, können sie von allen bewundert werden.

[c] BLÜTENFÜLLE Diesen Kranz umrunden Hunderte von einzelnen Hortensienblüten. Im Herbst geschnitten und getrocknet, haben sie jetzt ihren großen Auftritt. Da fühlt man sich gleich auf eine besondere Art am Eingang willkommen geheißen.

[d] RAUREIF-TOPPING Mit einer Sprühflasche können Sie den Kranz am Abend vorsichtig einnebeln. Die einzelnen Tröpfchen bilden dann in der Nacht eine hauchzarte Eisschicht. Das wirkt ganz fantastisch.

[c]

WINTERLICHES

Eingefangen & festgehalten

Auf den ersten Blick sind die Dinge, die uns der winterliche Garten bietet, unspektakulär. Trockene Zweige, welke Blätter und Tannenzapfen. Mit etwas Blattgrün und den ersten Schneeglöckchen verwandeln sie sich schnell in stimmungsvolle Winterarrangements.

[d]

NICHT ALLTÄGLICH

Gerade in der nicht so farbenfrohen Jahreszeit freut man sich über den Anblick von schönen Blumenarrangements mit leuchtenden Blüten und bunten Bändern oder Kugeln. Getrocknete Blüten in den Farben des Sommers trotzen Frost und Schnee und vertreiben trübe Gedanken.
Wagen Sie sich an neue, frische Farbkombinationen und fantasievolle Arrangements. Apfelgrün und Weiß ergeben eine Zusammenstellung, die munter und fröhlich wirkt, Rot und Pink erinnern an den Orient und Creme und Braun wirken edel und elegant. Unterschiedliche Zapfen finden in der Winterdekoration immer einen Platz, aber auch mit Baumrinde lassen sich kreative Dekorationen anfertigen **[→a]**. So verschieden wie die Bäume ist auch ihre Rinde. Manche Arten, wie zum Beispiel Platanen, trennen sich freiwillig davon. Andere geben ihre Hülle erst im Sägewerk her. Auf Nachfrage kann man sie dort abholen oder im Bastelgeschäft kaufen. Die Rindenstücke aus dem Handel sind oft sehr klein, dünn und auf ein bestimmtes Maß geschnitten. Sie eignen sich eher für die Ummantelung von Vasen und Töpfen, da sie biegsam sind. Für rustikale Kompositionen sind die Rindenstücke aus dem Sägewerk oder die von Kaminholz abgetrennten Teile schöner. Sie sind in Form und Dicke sehr unterschiedlich und wirken natürlicher.

HAUCHZART EINGEHÜLLT

Wie verzaubert wirken Kränze und Arrangements, wenn sie nach einer frostigen Nacht von einer Raureifschicht überzogen sind. Ist nicht ausreichend Feuchtigkeit in der Luft, kann ein feiner Wassernebel aus der Sprühflasche nachhelfen. Die Fundstücke und getrockneten Blüten des Herbstes wirken so eingehüllt außergewöhnlich schön, denn ihre Schönheit ist wie „eingefroren". Die aufgetragene Wassermenge darf nicht zu groß sein und nur in Frostnächten aufgetragen werden, ansonsten würde sie die Pflanzen und Früchte beschweren und durchweichen.

SAMMELLEIDENSCHAFTEN

Auch im Winter kann man im Garten und bei einem Spaziergang durch den Wald vieles entdecken. Zapfen, Schwämme an Bäumen und Totholz, Rinde sowie Zweige und Äste in allen Variationen. Verlassene Vogelnester sind in den kahlen Zweigen gut zu erkennen und von Moosen und Flechten überzogenes Totholz ist zu finden, solange der Schnee noch nicht alles verdeckt. In einer Obstkiste, einer flachen Schale oder in Töpfen **[→b]** kann alles zusammengestellt und auf der Terrasse präsentiert werden.

ES WEIHNACHTET SEHR

JAHRESGIPFEL

Das Fest der Feste naht und auch der Garten soll möglichst stimmungsvoll geschmückt sein. Oft sind es gerade die Kleinigkeiten, die ihm Charme und Ausstrahlung verleihen. Nehmen Sie sich Zeit und gestalten Sie Ihren Garten mit viel weihnachtlicher Vorfreude.

[a] KLASSISCH GEFORMT Fünf gleichmäßig stumpfe Spitzen zeichnen diese Sterne aus. Ohne weitere Verzierungen verzaubern sie gerade durch ihre klassische schlichte Form. Mit einem Rundholz, an ihrer Rückseite befestigt, finden sie einzeln oder zu mehreren überall den richtigen Platz.

[b] AUFGEMÖBELT Ein Stern aus Metall und Polsternägeln mit großem Kopf in einer Kontrastfarbe machen aus schlichten Holzsternen etwas Außergewöhnliches. Auf einer Beetumrandung oder der Bank am Eingang aufgestellt, verkünden sie das Besondere dieser Zeit.

[c] UNENDLICHE LEICHTIGKEIT Die Schneekristalle sind aus einer Multiplexplatte ausgesägt und mit filigranem Lochmuster versehen. Das dünne Holz und die dicht aneinandergesetzten Muster und Löcher rufen Leichtigkeit hervor. Sie bleiben wie echte Schneeflocken in den Zweigen hängen und ruhen darauf.

WEISST DU, WIE VIEL …

… Sternlein steh'n?

Die Weihnachtszeit ohne Sterne ist fast nicht vorstellbar. Große und kleine Sterne aus unterschiedlichen Materialien sind im winterlichen Garten, zwischen Zweigen oder getrockneten Stauden aufgehängt und aufgestellt, eine stimmige Bereicherung.

KONSTRUIERT ODER AUS FREIER HAND

Sterne gibt es in unzähligen Variationen und jeder hat seine eigene Wirkung. Sterne mit fünf, sechs oder acht gleichen Zacken und stumpfen Winkeln strahlen Ruhe und Gelassenheit aus, spitze, asymmetrische Zacken mit verschiedenen Winkeln dagegen wirken insbesondere bei fünfzackigen Sternen lebhaft und individuell. Die einfachste Methode, fünfzackige Sterne zu zeichnen, besteht darin, aus fünf Strichen, die nacheinander und ohne abzusetzen gezogen werden, einen Stern zu bilden. Mit etwas Übung gelingt dies und auch das Aufzeichnen von mehrzackigen Sternen aus freier Hand ohne Schwierigkeiten. Bestimmt haben auch die Kleinen Freude daran, einige Sterne aufzuzeichnen. Mit Zirkel und Lineal werden exakte fünf-, sechs- und achtzackige Sterne konstruiert.

FEIN VERZWEIGT ODER EHER BEHÄBIG

Jede Schneeflocke ist einzigartig und bezaubert durch ihre sehr fein verzweigte Struktur. Um diese Eigenschaften einzufangen und wiederzugeben, ist für die Schneeflocken sechs Millimeter starkes Multiplex verwendet worden [→c]. Das filigrane Lochmuster ist so dicht gesetzt, dass die Stabilität gerade noch erhalten bleibt. Dazu wird in die Flächen, die ausgesägt werden sollen, ein Loch gebohrt, durch das das Sägeblatt der Laub- oder Dekupiersäge geführt wird. Die Sterne haben ein geringes Gewicht und können auch auf nicht so starken Zweigen und Ästen liegen, ohne diese herunterzudrücken. Fertigen Sie eine Pappschablone an, wenn Sie mehrere Sterne in einer Größe oder mit einem Muster herstellen möchten. Oder machen Sie aus jeder Schneeflocke ein einzigartiges Exemplar, so wie in der Natur!
Ganz im Gegensatz zu den leichten Schneekristallen aus Holz stehen die Sterne, die mit Metallornamenten, Sternen, Polsternägeln oder Schrauben und Scheiben gestaltet werden können [→b]. Sie sind schwer und standfest und erscheinen fast ein bisschen behäbig. Die Grundform ist aus dickem Massivholz oder einer starken Multiplexplatte ausgesägt, sodass sie auch ohne weitere Verzierungen allein stehen kann, außerdem verschwinden auch längere Nägel und Schrauben im Holz, ohne auf der anderen Seite durchzubrechen. Während der Gestaltung sollte immer wieder überprüft werden, ob die Sterne noch gut stehen. Für dickere Schrauben und Nägel sollten die Löcher auf jeden Fall vorgebohrt werden, damit das Holz beim Einschrauben oder Einschlagen nicht platzt.

EINZELGÄNGER

Sie strahlen Ruhe und Beständigkeit aus und überzeugen ohne Schnörkel. Die fünfzackigen Sterne werden konstruiert und sind dadurch mit exakt gleichmäßig, stumpfen Zacken ausgestattet [→a]. Die Kanten und die Oberfläche sind glatt geschliffen. Zwischen trockenen Stauden oder vor niedrigen Sträuchern und Büschen machen die schlichten Sterne eine besonders ausgefallene Figur.

[b]

[a] OH TANNENBAUM! Kleine Äste von großen Fichten und Kiefern werden zu dicken Stämmen der kleinen Nadelbäume. Wie in der Natur hat jeder Nadelbaum seine eigene Gestalt und Farbe. Durch die grüne Lasur ist die Maserung noch gut zu erkennen. Eine runde Holzscheibe sorgt für einen sicheren Stand.

[b] KLEIN, ABER FEIN Das Anschleifen der Tannenbäume aus Multiplex bringt die unterschiedliche Färbung der einzelnen Holzschichten voll zur Geltung. Ein farblich abgestimmtes Band aus Organza und eine Perle für die Aufhängung verschönern die Tannen zusätzlich.

[c] NADELBAUMPARADE
Diese kleinsten Nadelbäume strahlen Glanz und Wärme aus. Sie sind an jeder Stelle im Garten gern gesehen. Zwerg-Koniferen oder Zuckerhutfichten in unterschiedliche Gläser gepflanzt, zieren die Außentreppe, die Terrasse oder den Eingang zum Garten.

[c]

[a]

TANNENVIELFALT

Besuch aus dem Wald

Große und kleine Tannenbäume haben in der Weihnachtszeit ihren glanzvollen Auftritt. Drinnen wie draußen sind sie gern gesehene Gäste in dieser Zeit. Ob echte oder aus Holz gefertigte Nadelbäume, alle möchten bewundert werden.

HÖLZERNE GESELLEN

Die hölzernen Tannenbäumchen sind aus Multiplexplatten gesägt und wirken zu mehreren aufhängt oder gestellt am besten. Gruppieren Sie sie in unterschiedlichen Farben, Formen und Größen. Zeichnen Sie zunächst verschiedene Bäume auf die Multiplexplatte auf und sägen diese dann mit einer Laub- oder Dekupiersäge aus.

Der Stamm bei den großen Tannen [→a] ist aus einem Stück Ast gemacht und wird an einem Ende eingekerbt. Diese Kerbe in der Stärke des Baumkorpus dient als Steckelement für selbigen. Achten Sie darauf, dass der Korpus fest in der Kerbe sitzt, damit sich die Konstruktion nicht lockert, wenn der vermeintliche Stamm nachtrocknet. Wenn Sie auf Nummer sicher gehen wollen, können Sie zusätzlich etwas Leim in die Kerbe geben.

Als Fuß dient eine Ast- oder Holzscheibe, die mit dem Stamm durch eine Schraube verbunden ist. Die Schraube muss gegebenenfalls noch mal nachgezogen werden, wenn sie sich durch das weitere Trocknen des Astes gelockert haben sollte.

Die Tannen können mit wasserfester und lichtechter Acrylfarbe bemalt werden, die mit Wasser verdünnt, die Maserung noch durchscheinen lässt. Zum Aufhellen mischen Sie mit Gelb und Ocker, zum Abdunkeln mit Blau und Braun. Schöne Ergebnisse, Ton in Ton, erhalten Sie, wenn Sie den Grundton erst aufhellen und dann abdunkeln und dabei immer den Rest der alten Farbmischung für die neue Mischung verwenden.

ANS LICHT GEHOLT

Multiplexplatten haben mehrfach querverleimte Holzschichten. Diese Schichten haben eine unterschiedliche Färbung. Durch flächiges Abschleifen oder schräges Anschleifen der einzelnen Schichten wird die Farbe hervorgeholt. Bei den Tannen zum Aufhängen sind die Kanten schräg und auf den Flächen nur Teile der ersten und zweiten Schicht abgeschliffen worden, so entsteht die lebhafte Musterung [→b].

EIN EIGENER NADELWALD

Beim Gärtner Ihres Vertrauens finden Sie eine reiche Auswahl an Zwerg-Koniferen. In weihnachtliche Gefäße gepflanzt und mit kleinen Anhängern aus Metall oder Glaskugeln und Sternen geschmückt, setzen die nadeligen Gesellen genauso gezielt Akzente, wie mit einer einzelnen Schleife aus wetterfestem Material herausgeputzt. Kunststoffbänder oder Streifen, aus einer Lackdecke geschnitten, lassen sich hierbei gut zu Schleifen binden und mit Draht an der Pflanze oder am Topf anbringen.

Töpfe aus Glas [→c] wirken ein bisschen wie aus Eis und verstärken den winterlichen Eindruck noch. Mit Eiskristallspray, Satinierfarbe oder Frost-Effektfarbe aus dem Bastelgeschäft wachsen auf den Glasgefäßen sogar Eisblumen.

Wenn Sie es lieber klassisch mögen, bepflanzen Sie rote und grüne Töpfe und benutzen diese Farben und klassische Elemente auch zur Dekoration.

[a]

[a] UNUMWUNDEN SCHÖN Girlanden gehören genau wie Kränze und Pyramiden schon lange zu den Klassikern der weihnachtlichen Dekorationen. Die Mischung aus Tannen und immergrünen Zweigen, zusammen mit Zapfen und silbernem Glasschmuck, wirkt überraschend frisch.

[b] BARBARAZWEIGE Mit etwas Glück öffnen sich die Knospen zur Weihnachtszeit und ein feiner Duft liegt in der Luft. Farblich abgestimmte Schleifen und Bänder in den Farben der zu erwartenden Blüten erhöhen die Vorfreude. Ein guter Ort ist unter dem Vordach oder im Eingang, wo es frostsicher und nicht zu warm ist.

[c] WOHLRIECHENDE STERNE An immergrünen Bäumen in tropischen Gebieten wächst der Sternanis, dessen reife Früchte nicht nur als Gewürz verwendet werden können. Für Nase und Augen sind die mit Sternanis bestückten Kugeln ein echter Genuss.

[d] HERZLICH WILLKOMMEN! Einen netten Aufenthalt im Haus oder einfach nur einen schönen Tag wünschen diese Gesellen allen Gästen und Bewohnern, die ihnen in die Quere kommen. Von Zapfen umgeben und mit einem kleinen Tontopf mit Eicheln gut behütet, sind die Schneemänner gern gesehen.

[b]

[c]

[d]

STIMMUNGSVOLLE ZEIT

Alles schmückt sich

Ein eisblauer Himmel, weißer frisch gefallener Schnee, braune Zweige und Zapfen, Tannengrün und immergrüne Sträucher zeigen uns die Farben, mit denen der Garten sich in der Weihnachtszeit herausputzt.

BLÜHENDE TRADITION

Nach einem schönen alten Brauch holt man sich am 4. Dezember, dem Barbaratag, kahle Zweige aus dem Garten ins Haus. In einer Vase in die Wohnung oder den Eingangsbereich gestellt, zeigen sich mit etwas Geduld in der Zeit um die Weihnachtsfeiertage die ersten Blüten **[→b]**. Einem Volksglauben zufolge bringen sie Glück und Zufriedenheit im kommenden Jahr.

Nicht nur Obstbaumzweige, sondern auch Holunder, Rosskastanien oder Forsythien treiben im wärmeren Eingangsbereich und an frostfreien, geschützten Plätzen Blüten.

Damit das Austreiben der Blüten gelingt, brauchen die Zweige einen kühlen, frostsicheren Platz und regelmäßig frisches Wasser. In einer Bodenvase, einem Schirmständer aus Metall oder Keramik oder einer alten Milchkanne finden auch mehrere und stärkere Äste gute Bedingungen. Ein Eimer oder Einmachglas im Inneren der Gefäße verhindert, dass Wasser aus undichten Gefäßen ausläuft.

BEGRÜSSUNGSKOMITEE

Wann haben Sie das letzte Mal einen Schneemann gebaut? Nutzen Sie die Gelegenheit und bauen Sie doch gleich mehrere. Als Begrüßungskomitee an der Haustür oder am Gartentor machen sie bestimmt eine gute Figur **[→d]**. In Küche und Gartenhaus lassen sich viele Gegenstände finden, um die Männer mit witzigen Accessoires auszustaffieren. Ihre Kinder werden Sie mit vielen Ideen begeistert unterstützen.

IMMER DER REIHE NACH

Tannen- und Kiefernzweige, Lebensbaum, Efeu, immergrüne Ranken und Blätter oder Mistelzweige lassen sich gut in einer Girlande verarbeiten **[→a]**. Das Grundgerüst für eine Girlande bildet ein dickes Stück Seil oder ein flexibles Leerrohr (Wellrohr) aus dem Elektrofachhandel. Das Grün wird mit einer scharfen Gartenschere in passende Stücke geschnitten. In jedem Arbeitsschritt werden nun drei bis fünf Zweige rund um das Seil oder das Leerrohr gelegt und fest mit Draht umwickelt. Dabei verdecken die Nadeln und Blätter die Stiele der vorherigen Wicklung. Je mehr die einzelnen Wicklungen überlappen, umso dichter und üppiger wird die Girlande. Die vorbereiteten Zweige können aber auch direkt aneinandergebunden werden. Eine so gebundene Girlande ist zierlicher und flexibler. Außerdem ist sie leichter und die benötigte Menge an Zweigen und Ranken geringer. Wer selbst keine Girlande binden möchte, findet im Gartencenter fertig gebundene Girlanden oder bei Bastelmaterialanbietern verschiedene Ausführungen aus Kunststoff, die wetterfest sind.

WUNDERBARE DÜFTE

In der Weihnachtszeit wollen nicht nur unsere Augen verwöhnt werden, wir wollen mit allen Sinnen genießen. Getrocknete Orangen- und Zitronenscheiben, Anissterne, Zimtstangen und nicht zuletzt der Duft von Tanne und Kiefer entführen uns in eine andere Welt. Auf Kugeln gesteckt oder in Schalen arrangiert und im Eingangsbereich dekoriert, betören sie uns schon beim Eintreten.

[a]

[b]

[c]

[a] KNALLBUNTE BLÜTEN Traditionelle Weihnachtskugeln im neuen Kleid. Vor allen Dingen die ungewöhnliche Gestaltung und die auffallende Farbauswahl lassen diese Kugeln aus der Reihe tanzen. Kunterbunte Blüten, mit Glitzerpaste verfeinert, tummeln sich auf gefärbten Glaskugeln.

[b] HANDWERKSKUNST Jede der mundgeblasenen Kugeln ist ein Einzelstück. Schneemänner, ausladende Tannen, Vogelhäuser und viele Schneeflöckchen sind mit nur wenigen Farben aufgemalt. Die karge Farbpalette lässt die Kugeln ruhig und harmonisch wirken.

[c] WARMES LICHT Viele kleine Lichtflecken bahnen sich einen Weg durch die Wicklungen der Kugel aus Weidenzweigen. Glaskugeln und kleinere Rebenkugeln ergänzen das Arrangement. Die einzelnen Lämpchen werden zu einem Strauß gebündelt, in die Kugel geschoben und am Boden der Kugel mit Draht fixiert.

[d] DIE TECHNIK Die Motive werden mit einem Haarpinsel mittlerer Stärke gemalt. Schneeflocken, Knöpfe und Gesicht sind mit dem Pinselstiel getupft. Die Farbmischung von Gras und Tannen entsteht durch zwei Farben am Pinsel. Dazu wird die Fläche nacheinander mit Grün und Weiß benetzt, beim Malen mischen sich die Farben dann auf besondere Weise.

IM NEUEN GEWAND

Weihnachtliche Kugelvarianten

[d]

So wie immergrüne Zweige, Sterne und Lichter gehören Kugeln zur traditionellen Dekoration in der Weihnachtszeit. Als Einzelstück oder in einer Gruppe verschönern sie den Garten. Matte Weiß- und Cremetöne sind hier genauso gefragt wie leuchtendes Rot und Orange.

SCHMUCK MIT TRADITION

Schon seit Mitte des 19. Jahrhunderts schmücken die Menschen mit Glaskugeln ihren Weihnachtsbaum und gestalten damit weihnachtliche Dekorationen in Haus und Garten. Nicht nur am Baum sind sie ein Genuss für den Betrachter. Auch in einer flachen Schale, zusammen mit Zapfen und anderen Naturmaterialien, können sie gelungen präsentiert werden. Am Fuß von Bäumen und Sträuchern oder in den Beeten fügen sie sich harmonisch ein.

AUS ALT MACH NEU

Bestimmt befinden sich auch unter Ihrem Weihnachtsschmuck einige Kugeln, die nicht mehr zum restlichen Baumschmuck passen. Sie lassen sich zu individuellen Einzelstücken umwandeln, die am Gartentor, der Haustür oder in kahlen Laubbäumen zu neuer Hochform auflaufen **[→a]**. Perlen, Glitzersteine, Pailletten und Schleifenbänder sind nützliche Helfer bei der Neugestaltung. Auch Glitzerpaste und Acrylfarben eignen sich gut für die Umgestaltung von Kugeln. Waco Fin Acrylfarbe ist zum Beispiel in vielen Farbtönen erhältlich. Sie ist mit Wasser verdünnbar und haftet sehr gut auf Glas. Mit einem feinen Haarpinsel lassen sich ganze Kunstwerke auf einer Kugel verewigen **[→b und d]**. Das Pinselstielende macht perfekte Tupfen und Kreise, aus denen Blüten oder kunstvolle Muster entstehen. Klebstoff mit Glitzerpulver vermischt und über die gemalten Motive aufgetragen, bringt jede Farbe zum Funkeln.

IN WARMES LICHT GETAUCHT

Lichterkette ist nicht gleich Lichterkette. Neben vielen tannengrünen Varianten aus Kaufhäusern und Baumärkten gibt es hier und da immer wieder kleine Schätze zu entdecken, bei denen die Lichterkette dank bunter Lämpchen oder fantasievoller Lampenschirme selbst zum stimmungsvollen Accessoire wird. Wichtig ist, dass die Lichterkette für den Außenbereich geeignet ist. Sie kann als Akzentleuchte oder zum Inszenieren von bestimmten Bereichen im Garten eingesetzt werden. Beleuchtete Kugeln aus Weide oder Reisig **[→c]**, gebündelte Tannenzweige oder zusammengelegtes Totholz aus dem Garten werden mit einer Lichterkette und Kugeln oder Tannenzapfen zu ausgefallenen Leuchtobjekten, die den Gartenzaun, Fensterbänke, das Gartentor oder die Terrasse schmücken.

WEIHNACHTLICHE VASE **Eine große Glaskugel in weiches Moos oder in einen kleinen Kranz aus immergrünen Zweigen oder Ilex gebettet, ergibt eine wunderschöne Blumenvase für einen Mistelzweig oder Blüten der Christrose.**

NÜTZLICHE ADRESSEN

WERKZEUG

Habl Werkzeugversandhandel GbR
St-Georgen-Str. 8
04720 Döbeln
Tel.: (0 34 31) 70 29 55
E-Mail: info@habl24.de
www.habl24.de

Lefeld
Werkzeuge – Maschinen – Industriebedarf
Konrad-Adenauer-Str. 11
33397 Rietberg
Tel.: (0 52 44) 92 01-27
E-Mail: service@lefeld.de
www.lefeld.de

Hoffmann GmbH Qalitäts-werkzeuge
Haberlandstraße 55
81241 München
Tel.: (0 89) 83 91-0
E-Mail: info@hoffmann-group.com
www.hoffmann-group.com

HOLZ

Holz Pauleickhoff GmbH
Detmolder Straße 88
33397 Rietberg-Neuenkirchen
Tel.: (0 52 44) 22 65
E-Mail: info@holz-pauleickhoff.de
www.holz-pauleickhoff.de

Spiegel-Shop/Holz-Shop
Holländische Str. 205
34127 Kassel
Tel.: (05 61) 4 00 92 44
E-Mail: info@spiegel-shop.de
www.myspiegel.de/holzshop-c-119.html

Holz- und Rahmen-Vogt
Aktienstr.46
45473 Mülheim
Tel.: (02 08) 47 35 40
E-Mail: holz@vogt-mh.de
www.rahmen-vogt.de

STEINE

Gebr. Schäfer Natursteine GmbH
Fruchtbahnhofstr. 25-33
68159 Mannheim
Tel.: (06 21) 1 50 40-0
E-Mail: info@schaefer-natursteine.de
www.schaefer-natursteine.de

Grandl Natursteine GmbH
Rudolf-Diesel-Ring 6
82266 Inning
Tel.: (0 81 43) 99 74-0
E-Mail: info@grandl-natursteine.de
www.gandl-natursteine.de

METALL/SCHMIEDE-ARBEITEN

Hardt Edelstahl und Metallbau GmbH
Husumer Str. 27
25782 Tellingstedt
Tel.: (0 48 38) 7 88 00 10
E-Mail: info@hardt-metallbau.de
www.hardt-metallbau.de

Horstmann-Freise GmbH & Co. KG
Rüschfeld 2
33397 Rietberg
Tel.: (0 52 44) 54 84
E-Mail: info@horstmann-freise.de
www.horstmann-freise.de

Grewe Metalltechnik
An der Fingerhutsmühle 9
58706 Menden
Tel.: (0 23 73) 23 44
E-Mail: info@grewe-metalltechnik.de
grewe-metalltechnik.de

EUROPALETTEN

Jungheinrich Profi Shop
Kieler Str. 105
22769 Hamburg
Tel.: (040) 89706-0
E-Mail: info@jh-profishop.de
www.jh-profishop.de

Ernst Handelsgesellschaft mbH
Lilienthalweg 20
72124 Pliezhausen
Tel.: (0 71 27) 97 35-0
E-Mail: info@ernst-handel.de
www.ernst-handel.de

FLORISTIKBEDARF

Floristeneinkauf Trend Mobil
Friedenstraße 47a
07318 Sallfeld
Tel.: (0 36 71) 52 18 07
E-Mail: info@floristeneinkauf.de
www.floristeneinkauf.de

Bellaflor Handel & Service GmbH
Hansaring 14
63843 Niedernberg
Tel.: (0 60 28) 99 19-0
E-Mail: bhs@bellaflor.de
www.bellaflor.com

Baumann Creative GmbH
In der Waage 15
73463 Westhausen
Tel.: (0 73 63) 96 07-0
E-Mail: info@baumann-creative.de
www.baumann-creative.de

BASTELMATERIALIEN ALLER ART

VBS Hobby Service GmbH
Justus von Liebig Str. 8
27270 Verden
Tel.: (0 42 31) 6 68 11
E-Mail: info@vbs-versand.de
www.vbs-hobby.com

NaDeco
Wolfsloh 9
29633 Munster
Tel.: (0 51 92) 9 86 99-0
E-Mail: info@nadeco.de
www.nadeco.de

Marabu GmbH & Co. KG
Asperger Straße 4
71732 Tamm
Tel.: (07141) 691-0
E-Mail: info@marabu.de
www.marabu.de

Rayher Hobby GmbH
Fockestraße 15
88471 Laupheim
Tel.: (0 73 92) 70 05-0
E-Mail: info@rayher-hobby.de
www.rayher-hobby-shop.de

Knorr prandell Creative GmbH
Michael.Och-Straße 5
96215 Lichtenfels
Tel.: (0 95 71) 793-0
E-Mail: info@kp-creative.de
www.kp-creative.de

Opitec Handel GmbH
Hohlweg 1
97232 Giebelstadt
Tel.:(0 18 06) 90 89 08
E-Mail: info.de@opitec.com
de.opitec.com/opitec-web/st/Home

STOFFE &BÄNDER

fabfab GmbH
Osterbrookswegs 35-45
22869 Schenefeld
Tel.: (040) 6 09 45 91 11
E-Mail: kundenservice@stoffe.de
www.stoffe.de

Pumuckel Stoff Versand
Theodor-Storm-Weg 10
27777 Ganderkesee
Tel.: (0 42 22) 85 89
E-Mail: info@stoffversand4u.de
www.stoffversand4u.de

ACCESSOIRES UND GARTENMÖBEL

car-Selbstbaumöbel T. Küstermann e. K.
Gutenbergstr. 9 a
24558 Henstedt-Ulzburg
Tel.: (0 41 93) 7 55 50
E-Mail: office@car-moebel.de
www.car-moebel.de

Pötschke Ambiente GmbH
Parkstr. 18
41564 Kaarst
Tel.: (0 18 05) 91 15 08
E-Mail: ambiente@poetschke.de
www.poetschke-ambiente.de

Manufactum GmbH & Co. KG
Hiberniastr. 5
45731 Waltrop
Tel.: (0 23 09) 93 90 50
E-Mail: info@manufactum.de
www.manufactum.de

Garten-Licht
Schneiderkruger Str. 12
49429 Visbek
Tel.: (0 44 45) 8 97-233
E-Mail: presse@garten-licht.de
www.garten-licht.de

Die Gartengalerie
Wössinger Str. 15
75045 Walzbachtal
Tel.: (0 72 03) 18 05
E-Mail: info@gartengalerie.de
www.gartengalerie.de

Rausch Classics GmbH
An der Tagweide 14
76139 Karlsruhe
Tel.: (07 21) 9 61 69-0
E-Mail: verkauf@rausch-classics.de
www.rausch-classics.de

Weishäupl Möbelwerkstätten GmbH
Neumühlweg 9
83071 Stephanskirchen
Tel.: (0 80 36) 90 68-0
E-Mail: kontakt@weishaeupl.de
www.weishaeupl.de

Freitag Weidenart
Feldfahrt 2 a
85354 Freising
Tel.: (0 81 61) 9 15 76
E-Mail: freitag-weidenart@arcor.de
www.freitag-weidenart.com

Liebenauer Landleben GmbH
Siggenweilerstr. 10
88074 Meckenbeuren
Tel.: (0 75 42) 10-0
E-Mail: info@liebenauerlandleben.de
www.liebenauer-landleben.de

Fackelmann GmbH & Co. KG
Sebastian-Fackelmann-Str. 6
91217 Hersbruck
Tel.: (0 91 51) 811-0
E-Mail: service@fackelmann.de
www.fackelmann.de

DENK Keramische Werkstätten e.K.
Neershofer Str. 123-125
96450 Coburg
Tel.: (0 95 63) 20 28
E-Mail: info@denk-keramik.de
www.denk-keramik.de

STAUDEN

Gartenhof Echterhoff
Bogenstraße 125
33415 Verl
Tel.: (0 52 46) 28 13
E-Mail: info@gartenhof-echterhoff.de
www.gartenhof-echterhoff.de

Hof Berg-Garten
Stauden und Sämereien für naturnahe Gärten
Lindenweg 17
79737 Großherrischwand
Tel.: (0 77 64) 2 39
E-Mail: info@hof-berggarten.de
www.hof-berggarten.de

Staudengärtnerei Gaissmayer
Jungviehweide 3
89257 Illertissen
Tel.: (0 73 03) 72 58
E-Mail: info@staudengaissmayer.de
www.staudengaissmayer.de

KRÄUTER UND DUFTPFLANZEN

Kräuter- und Staudengärtnerei Mann
Schönbacherstr. 25
02708 Lawalde
Tel.: (0 35 85) 40 37 38
E-Mail: info@staudenmann.de
www.staudenmann.de

Rühlemann's Kräuter & Duftpflanzen
Auf dem Berg 2
27367 Horstedt
Tel.: (0 42 88) 92 85 58
E-Mail: info@ruehlemanns.de
www.ruehlemanns.de

REGISTER

Hervorgehobene Seitenzahlen verweisen auf Abbildungen.

A
Abbeizen 71
Abtönfarbe 83
Acrylfarbe 15, 83, 101,133, 137
Ahornholz 87, **86**
Anis 135, **134**
Armierung 65
Arrangement 23, 27, **22**
Astlochbohrer 101

B
Bambus 29, **28**
Bandsäge 15, 31
Bank 83, **82,** 91, **90**
Barbarazweige 135, **134**
Barfußpfad 95, **94**
Beize 21, 47, 75
Besteckständer 87, **86**
Beton 61 ff.
-platten 65, **64**
-schalen 63, **62**
-trittsteine 65, **64**
-tröge 63,**62**
-vogeltränken 67, **66**
Bettteil 73,**72**
Bierzeltgarnitur 83, **82**
Bindedraht 23, 47
Binse 29, 31, **30**
Birkenzweige 19, **18,** 31, **30**
Blätterpresse 107, **106**
Blechdose **76**
–schere 29
–tasse **27**
Blumengirlande 81, **80**
–wasser 81
–zwiebeln 23, **22**
Blütenkugeln **8,** 81, **80**
Bohnenpflanzer **76**
Boote 85, **84**
Borde 75, **74**

D
Dachziegel 59
Dekupiersäge 49, 131, **130**
Drahtherz 23, **22**
–ring 23
Drainage 27, 33

E
Eichenbohle 17, **16,** 45, **44**
Eichenholz 121, **120**
Eidechse aus Metall **40**
Eier 19, **18**
Eierwabe 23, **23**
Einfassungen 59, **58**
Einkochglas 23, **22**, 93, **92,** 107, **106**
Eisbude 85
Eisfiguren 123, **122**
Emailletöpfe **25,** 27, **26**
Erbsenpflanzer **76**
Erlenzweige **28**
Essigwasser 31
Europaletten 33, **32**

F
Fachwerk 51, **50**
Farbpulver 81
Fensterbild aus Eis 123, **122**
Fenstergitter 37, **36**
Fertigbetonmischung 63
Feste 75 ff.
Fett-Körner-Mischungen 121, **120**
Filz 87, **87**
Findlinge 55, **54**
Flachzange **47**
Floß 85, **84**
Forstnerbohrer 101
Frost-Effektfarbe 133
Futterhaus 121, **120**
–plätzchen 121, **120**
–stellen 121

G
Gartenfahne 47, **46**
–geräte 77, **76**
–partys ff.
–schild **10,** 47, **46**
–stuhl 73, **72**
Gemüsestrauß 81, **80**
Girlande 135, **134**
Glasaufsatz vom Kronleuchter 93, **93**
–kies 95
–kolben 75, **74**
–kugeln 137, **136**
–nuggets 31, **30, 64,** 65, **100,** 101
–platte 23, **22**
–schleifer 93
–töpfe 133, **132**
Goldlamé 20
Grenzsteine 55, **54**

H
Haarpinsel 137
Hakenleiste 75
Hanfsamen 121
Hängematte 91, **90**
Harke 97
Haseläste 85
Haselzweige **28,** 111, **110**
Hasendraht 29, **28**
Heißklebepistole 29
Hirse 121
Hocker 83, **82**
Holz 15, **14, 16,** 17, **20,** 21, **44,** 45, **46,** 47,
–äpfel 103, **102**
–bank 91, **90**
–beize 19, 87
–blumen 17, **16**
–bohlen 45, **44**
–bohrer 21
–boote 85, **84**
–fische 85, **84**
–harke 77, **76**
–hase 15, **14**
–häuser 45, **44**
–kiste 49, **48**
–leim 15
–pilze 101, **100**
–senker 87
–stelen 111, **110**
–sterne 131, **130**
–tannen 133, **132**
–tomaten 87, **86**
–vogel 21, **20**
Hortensien 107, **106,** 127, **126**
Hyazinthenglas 23

I
Indianertipi 111, **110**
Insektenhotel 51,**50**

J
Jute 125, **124**

K
Kartoffelreibe 115, **114**
Kasserolle 27, **26**
Kerzenhalter 111, 115, **110, 114**
Kette aus Waldfrüchten 103, **102**
Kiefernholz 87, **86**
Kilometersteine 55, **54**
Klangspiel 93, **92**
Klarlack 87
Klemmbrettchen 21
Klinkersteine 59
Kneifzange **47**
Kochtopf 27, **26**
Kokosfaser 125, **124**
–fett 121, **120**
–matten 125
Kommode 71, **70**
Konstruktionsvollholz 111, **110**
Kopfsteinpflaster 59, **58**
Kopfteil 73, **72**
Körnerfresser 121

Korrosion 37
Kranz aus Beeren 103, **102**
–aus Binse 31, **30**
–aus Herbstfrüchten **99**
–aus Maisblättern 81, **80**
–aus Weidenzweigen 23, **22**
Kräuterpfad 95, **94**
Krepppapier 81, 123
Kristallschalen 113, **112**
Krokodil-Klemmen 23
Küchenreibe 113, **112**
Kugeln 137, **136**
Kupferelemente 115, **114**

L

Lack 21
Lasur 75
Laubbesen 77
–säge 29, 131, **130**
–sägearbeit 21, **20**
Leerrohr 135
Leim 17
Leuchtobjekte 113, **112,** 115, **114**
Lichterkette 137, **136**
Löffel 115, **114**

M

Maisblätter 81, **80**
Mandala 97, **96**
Maritimer Chic 85, **84**
Massivholz 17, **16**
Mauern 59, **58**
Maulbeerpapier 111, **110**
Metall 37, **36,** 39, **38,** 41, **40**
–blätter 103, **103**
–bohrer 27
-haken 33
Milchkanne **27**
Miniteich 63, **62**
Mini-Zen-Garten 97, **96**
Möbel 73, **72**
Mobile **10,** 93, **92**
Montagekleber 115
Multiplex 15, **14, 16,** 17, 49, **49, 116,** 117, **130,** 131, **132,** 133

N

Nähkästchen **76**
Nest 19, **18**
Nüsse 121

O

Öl für Harthölzer 21, 45, 71
Ornament 117, **116**
Ostern 15

P

Papiertonnen 83, **82**
Peddigrohr 29, **28**
Pflanzpyramide 37, **36**
Pigmentpulver 63
Plätzchenformen 121, 123
Poleiminze 95
Polsternägel 131, **130**
–pflanzen 95, **94**

R

Rankhilfe 37, **36**
Rechen 77
Regale 75, **74**
Regenmesser **40**
Reisig 137, **136**
Riesengras 31, **30**
Rindenstücke 31, **30,** 127, **126**
Rindertalg 121, **120**
Rosmarin **27**
Rotbuche 21, **20**
Ruheplätze 91
Rundholz 17, **16**
–zange **47**

S

Sägearbeit 117, **116**
Sämereien 49, **48**
Sandkasten 97, **96**
–thymian 95
Satinband 85, **84**
Satinierfarbe 93, 133
Sauerampfer **27**
Schalen 63, **62**
Schattenspiele 117, **116**
Schichtholzplatten 17, 107, **106**
Schleifpapier 83
Schneemänner 135, **134**
Schraubstock 27
–zwinge 27
Schublade 73, **72**
Schweißen 37, **36, 38,** 39, **40,** 41
Seitenschneider **47**
Setzkasten 107, **106**
Silikonformen 121
Sisal 31, **30**
Sitzmöbel 83, **82**
Skulpturen 39, **38**
Sonnenblumenkerne 121, **120**
Spannvorrichtung 21
Speiseöl 19, 63
Sperrholz **20,** 21, **116,** 117
Spiegel 73, **72**
Sprühlack 83
Steckkugeln 81
Steinbank 55, **54**
Steinbeet 57, **56**
Steine 55, **54, 56,** 57, **58,** 59
Stichsäge 15, 29, 31
Strohkranz 23

T

Telefontisch 71, **70**
Thymian **27, 94**
Tische 83, **82**
Tonröhren 51, **50**
–schalen 127, **126**
–töpfe 25 ff.
–ziegel 57, **56**
Trittplatten 59, **58, 64,** 65
Trödel 70 ff.
Tröge 63, **62**

U

Umtöpfe 29, **28, 30,** 31,
Unterlegscheiben 33

V

Vogel 15,**14**
–scheuchen 105, **104**
–tränken 67, **66**
–aus Metall 39, **38,** 41, **40**

W

Waschtisch 71, **70**
Wege 59, **58, 64,** 65
Wegweiser 47, **46**
Weichfutterfresser 121
Weiden*äste 85*
–korb 107, **106**
–kugeln 137, **136**
–zweige 23, **110,** 111
Weinkiste 49, **48, 76**
Werkzeuge 47, **47**
Windlicht 23 **22, 92,** 93, 111, **110**
–aus Eis 123, **122**
Windspiele 93, **92**
Winterschutz 125, **124**
Wohlfühlpfade 95, **94**
Wollziest 103, **102**
Wurzelstumpf 57, **56**

Z

Zapfen 107, **106**
Zeichnung 15
Zinkwanne 85, **84**
Zwerg-Koniferen 133, **132**

GLOSSAR

BEIZEN
Im Allgemeinen die Behandlung einer Oberfläche mit einer chemischen Lösung, der „Beize". Bei Holz dient das Beizen meist der Betonung oder Veränderung der natürlichen Farbe sowie der Betonung oder Abschwächung von Kontrasten.

BLÄTTERPRESSE
Besteht am häufigsten aus zwei Holzbrettern, die durch Schrauben oder manchmal auch Spanngurte zusammengepresst werden. Sie dient dem raschen Pressen und Trocknen von Laub. Gerade bei größeren Ausführungen spricht man auch häufig von einer Pflanzenpresse.

DEKUPIERSÄGE
Im Grunde eine mechanisierte Laubsäge mit ähnlichen Anwendungsbereichen. Sie wird für den Feinschnitt in der Holz-, Metall- und Kunststoffbearbeitung benutzt.

FLACHZANGE
Zange mit abgeflachten, oft angerauten Backen zum besseren Halten. Wird zum Greifen und Festhalten verwendet.

FORSTNERBOHRER (AUCH ASTLOCHBOHRER)
Wird für große Bohrungen verwendet. Er verfügt über einen flachen Bohrkopf und hat kein Gewinde. Deshalb eignet er sich besonders zum Ausbohren von Astlöchern oder flachen Bohrungen in Holz.

GOLDLAMÉ
Stoffgewebe mit eingewobenen Metallfäden, das gewöhnlich golden, silbern oder manchmal kupferfarben glänzt. Lamé-Stoffe sind größtenteils sehr glatt und empfindlich.

HASENDRAHT
Spezieller, feinmaschiger Drahtzaun, der vor allem dem Rückhalt von Kleintieren (Meerschweinchen, Hasen etc.) dient.

HEISSKLEBEPISTOLE
Dient der Nutzung und Verarbeitung von Schmelzklebstoffen. Das Klebemittel wird meist in Stangenform in die Klebepistole eingeführt, dort erhitzt und kann dann gezielt aufgetragen werden.

HOLZ ÖLEN
Bearbeitung von Holzoberflächen mit (speziellen) Ölen. Schützt das Holz vor physikalischen Einflüssen (u.a. Schmutz und Kratzern), sowie vor Feuchtigkeit, Algen und Schimmel oder Sonneneinstrahlung.

HOLZSENKER
Bohraufsatz zur Erstellung von Vertiefungen im Holz, beispielsweise als Vorbohrung für Schrauben, sodass diese bündig mit der Oberfläche abschließen.

KNEIFZANGE (AUCH BEISSZANGE)
Zange mit keilförmigen Schneiden. Wird genutzt, um Nägel zu entfernen oder Draht und Metallstifte zu zertrennen.

LAUBSÄGE
Die Laubsäge hat ein sehr feines Sägeblatt und wird daher zum Aussägen von filigranen und kleinteiligen Objekten aus Vollholz- oder Sperrholzplatten verwendet.

LEERROHR (AUCH WELLSCHLAUCH)
Festes oder flexibles Rohr zur Verlegung von elektrischen Leitungen.

MANDALA
Geometrisch, meist rundes oder quadratisches, zentriert angeordnetes Schaubild, das im Hinduismus religiöse Bedeutung hat.

MULTIPLEX
Sperrholz, das aus vielen Furnierlagen besteht.

PATENTHAFTEN
Auch Krampen genannt. Sie sind spangenähnlich und in unterschiedlichen Größen aus Draht gefertigt und werden in der Floristik für Steckarbeiten und zur Binderei verwendet.

PEDDIGROHR (AUCH RATTAN)
Hergestellt aus dem Stammholz von Rattanpalmen oder anderen Palmen. Häufig verwendet in geflochtenen Möbeln (v. a. Stühle und Korbwaren).

POLSTERNÄGEL
Nägel mit sehr großen Köpfen, die verwendet werden, um Stoffbezüge an Polstermöbeln zu befestigen.

RUNDZANGE
Zange mit runden Backen. Wird beispielsweise zum präzisen Biegen von Draht verwendet.

SCHICHTHOLZPLATTE (AUCH LEIMHOLZ)
Holzplatte aus mehreren in Faserrichtung verleimten Brettlagen.

SCHRAUBSTOCK
Dient der Fixierung von Objekten bei der Bearbeitung. Besteht meist aus zwei Backen, zwischen denen das Werkstück durch drehen an einer Kurbel eingespannt wird.

SCHRAUBZWINGE
Wird verwendet zur Befestigung oder zum Zusammenpressen von Werkstücken. Besteht meist aus einem festen und einem beweglichen Arm, sowie einer festdrehbaren Gewindespindel.

SEITENSCHNEIDER
Spezielle Zange zum Schneiden von Drähten. Verfügt über eine schmale Schnittfläche an einer Seite (daher der Name).

SISAL
Fasern, die aus den Blättern von Agaven, vor allem der Sisal-Agave, hergestellt werden. Sie finden Verwendung in der Herstellung von Seilen und Kordeln, aber auch von Auslegewaren und Deko-Objekten.

SPERRHOLZ
Aus mehreren, im 90° Winkel zueinander versetzt, verleimten Lagen hergestelltes Holz.

IMPRESSUM

Umschlaggestaltung von Gramisci Editorialdesign, München unter Verwendung von zwei Farbfotos von Rogge & Jankovic Fotografen, Düsseldorf.

Mit 199 Farbfotos.

Alle Angaben in diesem Buch sind sorgfältig geprüft und geben den neuesten Wissenstand bei der Veröffentlichung wieder. Da sich aber das Wissen laufend und in rascher Folge weiterentwickelt und vergrößert, muss jeder Anwender prüfen, ob die Angaben nicht durch neuere Erkenntnisse überholt sind. Dazu muss er zum Beispiel Beipackzettel zu Dünge-, Pflanzenschutz- bzw. Pflanzenpflegemitteln lesen und genau befolgen sowie Gebrauchsanweisungen und Gesetze beachten. Jede Dosierung und Anwendung erfolgt auf eigene Gefahr. Autor und Verlag müssen alle Schadensersatzansprüche von vornherein ablehnen.
Gebrauchsnamen, Handelsnamen, Warenbezeichnungen sind in diesem Buch ohne nähere Kennzeichnung in Bezug auf Marken, Gebrauchsmuster und Patentschutz weitergegeben. Daraus kann nicht abgeleitet werden, dass diese Namen und Verfahren als frei im Sinne der Gesetzgebung gelten und von jedermann benutzt werden dürfen.
Das Allerwichtigste ist, dass Sie die Pflanzen und insbesondere die Kräuter einwandfrei erkennen. Oftmals gibt es verwandte Arten, die sich sehr ähnlich sehen. Die eine ist jedoch gut, die andere giftig. Wenn Sie irgendwelche Zweifel haben, dann verwenden Sie die Pflanze nicht. In der Apotheke bekommen Sie beispielsweise die beschriebenen Kräuter in getrockneter Form.

MIX
Papier aus verantwortungsvollen Quellen
FSC® C023164

Gedruckt auf chlorfrei gebleichtem Papier

ISBN 978-3-440-14244-8
Projektleitung: Katrin Friedrichs
Redaktion und Bildredaktion: Katrin Friedrichs
Gestaltungskonzept: Gramisci Editorialdesign, München
Gestaltung und Satz: DOPPELPUNKT, Stuttgart
Produktion: Jürgen Bischoff
Printed in Italy / Imprimé en Italie

BILDNACHWEIS

180 Farbfotos wurden von Rogge & Jankovic Fotografen, Düsseldorf für dieses Buch aufgenommen.

Weitere 16 Farbfotos von: Gabi Balsfulland, Rietberg: 36 u.re., 38 u.li., 40 u.re., 48 u. re., 54 u.re., 72 u., 73, 80 o.re., 92 li., 100 u.li., 107; Flora Press/Nova Photo Graphic, Hamburg: 94 re., Flora Press/Daniela Kunze: 134 u.re.; Katrin Friedrichs, Neuweiler: S. 23; shutterstock/Madlen: 95; Hannelore Zech (www.mienbacher-waldgarten.de & www.permagarten.wordpress.com.): 94 li.

DIE AUTORIN

Gabi Balsfulland machte 2010 ihr Hobby zum Beruf und gründete eine kleine erfolgreiche Firma, die sich auf Dekorationen und Gebrauchsgegenstände aus den unterschiedlichsten Materialien spezialisiert hat. Das Herausfinden und Probieren, welche Materialien zur Verwirklichung am besten geeignet sind und das Testen unkonventioneller Bearbeitungsmethoden sind ihr dabei ein wichtiges Anliegen. Zweimal jährlich präsentiert sie die entstandenen Werke in einer Ausstellung und arbeitet auch auf Kundenwunsch (gabi@balsfulland.net).

DIE FOTOGRAFEN

Anne Rogge und Jan Jankovic sind Dipl. Fotodesigner aus Düsseldorf. Gemeinsam führen sie das Fotostudio Rogge & Jankovic Fotografen mit Schwerpunkt Food, Stills & Places. Für ihr Kochbuch Herbst Winter Gemüse, ebenfalls im Kosmos Verlag erschienen, wurden sie 2008 mit dem Gourmand Cookbook Award ausgezeichnet.
Mit ihren Fotos haben sie die Deko-Ideen dieses Buches liebevoll in Szene gesetzt. Unterstützt wurden sie bei der Fotoproduktion von ihrem Assistenten Klaus Bäsel.

ENTDECKEN UND ERLEBEN

Katja Maren Thiel
Gartenkinder
160 Seiten, 273 Abbildungen, €/D 19,95

Für Kinder ist ein Garten viel mehr als ein „verlängertes Wohnzimmer". Wie viel Spaß selbst in ein paar Quadratmetern Grün stecken kann, zeigt dieses liebevoll-lebendige Buch: Sonnenblumenwettwachsen, mit Pflanzen malen oder fantasievoll mit Steinen spielen – in Schritt-für-Schritt-Anleitungen bietet es viele Ideen und Experimente, wie man gemeinsam mit Kindern den Garten entdecken und dort spannende kleine Abenteuer erleben kann. Dazu gibt es wichtige Pflanzeninfos für Nachwuchsgärtner und eine kleine Tierkunde.

Barbara Krasemann
Geschenke aus meinem Garten
144 Seiten, 121 Abbildungen, €/D 14,99

Am Schönsten ist es selbstgemacht – das gilt besonders für originelle Geschenke und Mitbringsel. Dieses Buch zeigt einzigartige Ideen, wie sich Pflanzen in essbare Köstlichkeiten, fantasievolle Dekorationen und verführerische Wellness-Produkte verwandeln lassen. Passend zu den Jahreszeiten von Frühlingsschokolade bis Weihnachtslikör, von Beerentee bis Zimtseife sind der Fantasie keine Grenzen gesetzt. Ein Geschenkbuch und eine Inspirationsquelle für kreative „Do-it-yourself"-Liebhaber.

kosmos.de